おいしい果樹の育て方

苗木選び から 剪定 、 料理 まで

監修 野田勝二

西東社

もくじ

2章 人気の定番果樹 61~174

3章 ワンランク上の果樹 175~195

特別収録 実のなる庭木 196~204

果 樹 索 引

1章

果樹の育て方 の基本

果樹は野菜などと異なり実をつけるまでに数年かかりますが、

木が成熟してくると、毎年同じようなサイクルで果実を楽しむことができます。

本章では、苗木の選び方、幼木から成木までのお世話のコツ、

肥料や病害虫対策など、果樹栽培の基本的な知識を紹介しています。

好きな果樹を自宅の庭やベランダで育ててみましょう。

あなたにおすすめの果樹はどれ？

果樹を育てたいけれど、どんなものがいいのかと迷っている人もいるでしょう。基本的には自分の好きなもの、食べたいものを選ぶのがいちばんです。だた果樹栽培に慣れていない人は、庭の広さや環境、手間をかけられる時間などを考慮して育てやすそうなものを選ぶのも一案です。果樹選びの参考にしてください。

果樹を育てるのがはじめてなら……
失敗の少ない安心果樹

●ブルーベリー●ブラックベリー●ラズベリー●キンカン●イチジク●ウメ●ジューンベリー●ザクロ●ポポー　など

ベリー類はほかの果樹に比べて、植えつけから実がつくまでの年数が短い果樹です。栽培も容易なので、気軽に果樹栽培を始めたい人におすすめ。ただし、幼木のうちは実がついても数を制限して育てるのが長く栽培するコツです。ベリー類以外のものは比較的放任でも育ちますが、剪定は必ず必要です。

庭のシンボルツリーにしたいなら……
葉や花、実が美しい果樹

●ウメ●カキ●リンゴ●ザクロ●サクランボ●ジューンベリー●ビワ●ウンシュウミカン●オリーブ　など

ウメやカキ、ザクロ、リンゴ、サクランボなどは、新芽、花、紅葉とそれぞれの時期で季節を感じさせてくれる果樹で、彩りのよい果実も魅力的です。大きく育つものが多いので、庭のシンボルツリーとしての存在感は際立ちます。ウンシュウミカンなどの柑橘類やビワ、オリーブなら、常緑の美しい葉を通年楽しめます。

日当たりが心配なら……
多少の日陰ならOKの果樹

●ビワ●イチジク●ブルーベリー●ブラックベリー●ラズベリー●ウメ●ザクロ　など

果樹は日当たりのよい場所で育てるのが基本ですが、半日程度は日が当たる場所、または日当たりのよい場所の半分ほどの日光量を確保できる場所ならOKという果樹もあります。ただし、あまりにも実つきが悪い場合は栽培場所の再検討をしましょう。

庭植えのスペースが限られているなら……
鉢植えにもおすすめの果樹

●ウンシュウミカン●キンカン
●雑柑●ユズ●カボス●スダチ
●レモン●ライム●オレンジ類
●ブルーベリー●ブラックベリー
●ラズベリー●オリーブ　など

柑橘類は全般的に鉢植えでも栽培しやすい種類です。キンカンは実つきがよく収穫量も確保でき、ユズやレモンは少ない数でも利用価値があるのでおすすめです。ベリー類、オリーブなども鉢植えでの栽培が人気です。鉢栽培は、庭植えよりも水やりの管理が必要です。

本格的な栽培に挑戦するなら……
じっくり育てたい果樹

●リンゴ●ナシ●モモ●サクランボ
●ブドウ●キウイフルーツ　など

果樹栽培の経験がある人なら、少しだけ難易度を上げてみるのもよいでしょう。ほかの果樹と比べると、多少、手間ひまをかけることができる人向けです。お世話に手をかけた分、収穫の喜びは大きくなるでしょう。仕立て方によっては、コンパクトに育てることもできます。

1年中グリーンのある環境がいいなら……
冬でも緑豊かな常緑果樹

●ウンシュウミカン●キンカン●雑柑●ユズ
●カボス●スダチ●レモン●ライム●オレンジ類
●ビワ●フェイジョア●オリーブ　など

柑橘類は初心者でも比較的失敗の少ない果樹のひとつです。常緑樹なので、道路との境目などに植えつけると生垣のように目隠しの役割もしてくれます。フェイジョアやオリーブは葉裏が白く、柑橘類と比べるとやさしいグリーンの印象です。

希少価値の高い果樹を育てたいなら……
あまりお店で買えない果実

●レモン●雑柑●クリ
●フェイジョア●ポポー　など

一般流通ではめずらしいフェイジョアやポポー、クリ、無農薬のレモンなどは、自家栽培なら十分な収穫を楽しめる果樹です。雑柑は種類が多いので、普段お店では見かけない種類に挑戦するのもよいでしょう。どれも比較的手間をかけずに栽培できるものなので、ご近所さんに差をつけたい人におすすめです。

果樹の育て方

果樹は苗木から年々生長して幼木〜成木へと育つと、その後は四季のサイクルに合わせて、生育期と休眠期をくり返して成熟していきます。果樹栽培の基本の流れを追ってみましょう。

1.苗木を買う

すでに庭にある果樹を育てる人もいるでしょうが、多くの人は苗木を購入するところがスタートです。どんな苗をどこで手に入れたらいいか知っておきましょう。

●**果樹を選ぶポイント** ➡P12
果樹を選ぶ際には、栽培地の環境を知っておくことが大切です。気温や育てるスペースについて確認しておきましょう。

●**苗木を購入できる場所** ➡P14
苗木はどこで買うのがよいのか。購入できる場所によってメリット・デメリットを確認して自分の考えに合う場所を選びましょう。購入の適期もあります。

●**2品種以上の苗木が必要な果樹** ➡P15
果樹の種類によっては、2本以上の苗を一緒に植えなければいけないものもあります。

●**苗木の種類** ➡P16
苗木はさまざまな形で販売されています。それぞれの特徴を知っておくと選ぶ際の参考になります。よい苗の見分け方も覚えておきましょう。

2.苗木を植える

購入した苗木は早めに植えつけます。果樹栽培では地植えで育てる人と、鉢やコンテナで育てる人がいますので、それぞれの植えつけ方を確認しておきましょう。

●**よい土の条件を知ろう** ➡P18
植えつけの前に重要なのは土作りです。庭の土を確認し、果樹栽培に適した土にしましょう。鉢植えの場合の用土も確認しておきましょう。

●**庭に植える** ➡P20
地植えで育てたい人は、庭への植えつけ方を確認しましょう。

●**鉢に植える** ➡P22
鉢植えやコンテナで育てたい人は、鉢への植えつけ方を確認しましょう。

●**肥料と水やり** ➡P48
土作りと一緒に肥料や水やりについても確認しておくと安心です。肥料の種類を知り、植えつけの際に必要なものを用意しておきましょう。

基本の流れ

4.成木期の世話

果樹にもよりますが、植えつけから5〜6年ほど経つと成木の仲間入りです。成木期は四季に合わせてお世話をします。

●芽かき・摘心 →P32・P33
春の新芽が動き出したら行います。

●摘蕾・摘花 →P34
咲かせる花の数を調整して果樹を弱らせないようにします。

●人工授粉 →P31
花が咲いたら、確実に結実するように行います。

●摘果 →P34
成熟させる果実の数を調整すると翌年も実がつきやすくなります。

●袋かけ →P35
病気や害虫、鳥などから果実を守ります。

●収穫・追熟 →P35
いよいよ収穫。収穫したあとに成熟させる果実もあります。

●整枝・剪定 →P36・P42
おもに休眠期に行います。果樹の状態に合わせて剪定しましょう。

●誘引 →P33
枝の誘引が必要な果樹は、剪定と一緒に行うとよいでしょう。

●肥料と水やり →P48
肥料や水やりは果樹に活力を与えます。適切な与え方を知りましょう。

●病害虫への対処法 →P52
どんな病気や害虫被害があるのかを知り、事前に予防しておきましょう。

3.幼木期の世話

植えつけから4〜5年ほどは幼木期といわれる期間です。果実を楽しむよりは丈夫な果樹にするための管理が必要です。

●幼木期のお世話の基本 →P24
果樹によっては、花や実をつけないようにしなければいけない場合もあります。枝や葉を増やすことを意識して木を充実させます。風雨のときや暑さ・寒さの対策なども覚えておきましょう。

●幼木期から始める骨格作り →P27
果樹の骨格は剪定作業で作りあげていきます。幼木期ならではの剪定を行いましょう。樹木の構造なども知っておくと、将来の剪定作業にも役立ちます。

●仕立て方の種類と特徴 →P28
幼木期の骨格作りは将来の姿をイメージして行うとよいでしょう。果樹にはいろいろな仕立て方があり、同じ果樹でも目的によって仕立て方を変えることができます。

●剪定の道具 →P37
この時期の剪定は剪定バサミがあれば事足りますが、生長にしたがい必要になる道具も出てきます。事前に確認しておきましょう。

果樹を選ぶポイント

果樹は種類ごとに栽培に適した気温や環境があり、育て方によって管理の
しやすさも変わります。選ぶ際は、庭の環境、広さも考慮しましょう。

果樹の生育適温を知ろう

 関東の年平均は15℃前後。
東北は 10 ～ 13℃程度。
あなたの地域は?

果樹栽培の生育には、栽培地の気温が大きく影響します。まずは、育てたい地域の年間の平均気温と最低気温を調べてみましょう。気象庁のホームページで確認すること

ができます。

果樹それぞれに適した年間の平均気温と果樹の耐寒温度にあう種類を選べば、果樹栽培も成功しやすくなります。

イチジク 年平均気温 **15℃前後** ❄ 耐寒温度 **−10℃**	**レモン** 年平均気温 **15 ～ 18℃** ❄ 耐寒温度 **−5℃**	**ナシ** 年平均気温 **7℃以上** ❄ 耐寒温度 **−20℃**
ウメ 年平均気温 **7℃以上** ❄ 耐寒温度 **−20℃**	**キウイフルーツ** 年平均気温 **12℃以上** ❄ 耐寒温度 **−7℃**	**西洋ナシ** 年平均気温 **6 ～ 15℃** ❄ 耐寒温度 **−20℃**
カキ 年平均気温 甘ガキ13℃以上 渋ガキ10℃以上 ❄ 耐寒温度 甘ガキ −13℃ 渋ガキ −15℃	**ビワ** 年平均気温 **15℃以上** ❄ 耐寒温度 **−5℃**	**モモ** 年平均気温 **9℃以上** ❄ 耐寒温度 **−15℃**
温州ミカン 年平均気温 **15 ～ 18℃** ❄ 耐寒温度 **−5℃**	**ブドウ** 年平均気温 **7℃以上** ❄ 耐寒温度 **−20℃** 欧州種は−15℃	**クリ** 年平均気温 **7℃以上** ❄ 耐寒温度 **−15℃**
雑柑 年平均気温 **15 ～ 18℃** ❄ 耐寒温度 **−5℃**	**ブルーベリー** 年平均気温 ハイブッシュ系8 ～ 15℃ ラビットアイ系 14 ～ 20℃ ❄ 耐寒温度 **−20℃**	**サクランボ** 年平均気温 **7 ～ 14℃** ❄ 耐寒温度 **−15℃**
キンカン 年平均気温 **15 ～ 18℃** ❄ 耐寒温度 **−5℃**	**ラズベリー** 年平均気温 **7 ～ 17℃** ❄ 耐寒温度 **−25℃**	**オリーブ** 年平均気温 **14 ～ 16℃** ❄ 耐寒温度 **−10℃**
ユズ 年平均気温 **15 ～ 18℃** ❄ 耐寒温度 **−5℃**	**リンゴ** 年平均気温 **6 ～ 14℃** ❄ 耐寒温度 **−25℃**	**ザクロ** 年平均気温 **15℃以上** ❄ 耐寒温度 **−20℃**

果樹の樹形

成長した果樹の姿を想像し、植えつけ場所を考慮して選ぼう！

果樹も一般の樹木と同様に、落葉するタイプと常緑のタイプがあります。落葉果樹は秋に葉を落とし、冬は休眠します。花を咲かせ実をつけるためには冬の寒さが必要で、春に新芽を出します。

常緑果樹は1年中、緑の葉が茂っています。寒さが苦手なものが多く、比較的温暖な気候を好みます。さらに、成長する高さ（樹高）や枝の性質で、高木・低木・つる性などと分類することができます。

高木

樹高が2m以上になるタイプ。高木の多くは地面から1本の幹が伸び、途中で枝分かれしながら生長する。枝が広がるので比較的広いスペースが必要。

高木の果樹
- イチジク
- リンゴ
- クリ
- ポポー
- ユズ
- ビワ
- ウメ
- ナシ
- サクランボ
- ウンシュウミカン
- レモン
- オリーブ　など
- カキ
- モモ
- ジューンベリー
- 雑柑類
- ライム

低木

樹高が1～2m程度のタイプ。地面から数本の枝が伸び、こんもりと茂みのように育つものが一般的。枝の本数を減らしながら管理し、比較的せまい場所でも栽培できる。

低木の果樹
- ブルーベリー
- ブラックベリー
- ラズベリー
- キンカン
- フェイジョア　など

つる性

比較的細い枝がつる状に長く伸びて生長する。枝を支えるフェンスや棚が必要で、枝の誘引作業も必須。

つる性の果樹
- キウイフルーツ
- ブドウ　など

庭植えと鉢植え

果樹は庭植えだけでなく、鉢で育てることもできます。鉢植えはコンパクトな大きさを保つことができ、マンションなど庭のない家でも栽培が可能です。

庭植えは、スペースの確保が重要です。地植えにすると大きく成長する種類もありますし、2本植えたほうがいい種類 ➡P15 やフェンスや棚が必要な種類は、その分スペースが必要です。

庭植え

イチジク、ビワなどは育てやすく、庭植えにすると大きく育つ。

鉢植え

鉢植えで人気なのは、ブルーベリー、レモン、ユズ、オリーブなど。

苗木を買う

果樹の苗木は、専門の栽培家が接ぎ木や取り木、挿し木などの方法で作っています。よい苗木を購入して栽培を始めるのが確実です。

苗木を購入できる場所

ホームセンター

直接苗木を観察できることと、専門の用土や鉢、支柱、肥料など必要な道具や資材を一緒に購入できるのがメリット。初心者には便利。

園芸店

人気の果樹なら、近所の小規模店で扱っていることも。大規模店なら、果樹にくわしいスタッフがいることもあるので、栽培方法などを相談するのもよい。

オンラインショップ

種苗会社の通信販売サイト、苗木を作る専門業者のサイトなど専門的なショップが豊富。めずらしい品種を手に入れることができるのも魅力のひとつ。

苗木の購入に最適な時期

> 落葉果樹は休眠期の冬、常緑果樹は新芽の動く早春に

　苗木は植えつけに適した時期に購入するのがベストです。落葉果樹は、葉が落ちたあとの休眠期となる11～3月が植えつけの適期。寒い地域では、年明け以降で厳冬期が過ぎるのを待ちます。常緑果樹は、新しい芽が動き始める前の3月ごろが適期です。お店でも植えつけの適期に出荷されるのが一般的です。

　オンラインショップの場合は、植えつけに適した時期に畑から掘り上げて送られてくるため、注文時が適期でない場合は、苗木が届くまでに時間がかかることがあります。

果樹ごとの適期

果樹	植えつけ適期	果樹	植えつけ適期
イチジク	12～3月	ブドウ	11～4月
ウメ	12～3月	ブルーベリー	10～3月（真冬は避ける）
カキ	暖地　11～12月または　　2～3月それ以外 2～3月	ラズベリー	10月中旬～3月中旬（真冬は避ける）
		リンゴ	11～3月（真冬は避ける）
ウンシュウミカン	暖地　3月低温地 4月	ナシ	12～　3月
雑柑	3～4月	西洋ナシ	11～12月
キンカン	3月下旬～5月上旬	モモ	12～　3月
ユズ	3～4月	クリ	12～　3月
レモン	3月中旬～4月中旬	サクランボ	11～　3月
キウイフルーツ	暖地 10～12月低温地　3～4月	オリーブ	暖地 4～5月または9～10月低温地 4～5月
ビワ	3～4月	ザクロ	12～　3月

2品種以上の苗木が必要な果樹

果樹のなかには、自分の株または同一品種の株の花粉では結実しない性質（自家不和合性）のものと、株がひとつあれば結実する性質（自家和合性）のものがあります。自家不和合性の種類は受粉のための受粉樹が必要で、同じ果樹でも品種の違うものを受粉樹として近くに植えます。開花が同じ時期で、花粉量の多い品種を選ぶのがポイントです。相性のよい品種同士を一緒に販売している店もあります。また、雄花だけをつける雄木と雌花だけをつける雌木が分かれている「雌雄異株」の果樹は、両方の木を植えないと果実が実りません。

限られたスペースの庭では、受粉樹を鉢植えにしてもよいでしょう

受粉樹が必要な果樹

ウメ
「南高」は花粉の多い「花香実」と相性がよい。「甲州小梅」「豊後梅」「竜峡小梅」は1本でも結実するが、受粉樹としてもおすすめ。

ブルーベリー
ブルーベリーは大きく、ハイブッシュ系とラビットアイ系があるので、それぞれ同じ系統のものを受粉樹とする。

リンゴ
「ふじ」「つがる」「紅玉」は受粉樹向きでそれぞれの相性もよい。「アルプス乙女」は1本で結実することもある。

ナシ
「幸水」と「豊水」は相性がよく、どちらも西洋ナシを受粉樹にしてもよい。「幸水」は「親水」「秀玉」では結実しない。

西洋ナシ
「ラ・フランス」と「ル・レクチェ」は相性がよい。和ナシの「幸水」や「豊水」も受粉樹にできる。「バラード」「カルフォルニア」は受粉樹不要。

クリ
クリは収穫期の異なるものを一緒にするのがおすすめ。早生の「ぽろたん」には中生の「利平」や晩生の「銀寄」などを。

サクランボ
「紅秀峰」「高砂」は受粉樹としておすすめ。「ナポレオン」「佐藤錦」も受粉樹に使える。「ステラ」は1本で結実する。

オリーブ
「ルッカ」は相性のよい品種が多い。「ミッション」「マンザニロ」などもおすすめ。「ピクアル」は1本でも結実しやすい。

受粉樹が不要な果樹

 イチジク　 ビワ
 カキ　 ブドウ
 温州ミカン　 ブラックベリー
 雑柑　 ラズベリー
 キンカン　 モモ
 ユズ　 ジューンベリー
 レモン　 ザクロ

雄木と雌木が必要な果樹

キウイフルーツ
「ゴールデンキング」「イエロークイーン」は早生タイプの雄株と。「イエロージョイ」は「ロッキー」を受粉樹に、「香緑」は「トムリ」を受粉樹にすると相性がよい。

苗木の種類

お店では「接ぎ木の大苗をポットで」などと伝えればOKです

苗木は、繁殖方法、年齢、流通時の状態などにより、呼び方がさまざまです。繁殖方法で分類すると、接ぎ木苗、挿し木苗、実生苗の3タイプがあります。流通が多く育てやすいのは接ぎ木苗です。

年齢の分類では棒苗と大苗があります。苗木は、接ぎ木や実生からの年数によって、1年生苗、2年生苗、3年生苗と数えますが、一般に1年生苗は棒苗、2〜3年生苗は大苗のことです。

流通時の状態では、鉢苗、ポット苗、裸苗があり、店頭でよく見かけるのはポット苗の状態です。

繁殖方法での分類

接ぎ木苗

親木から切り取った枝（穂木）を、別の種類の木（台木）に接いだ苗木。幹の根元に接ぎ跡が確認できる。親木と同じ性質を受け継ぐ。

挿し木苗

親木から切り取った枝を土に挿してふやした苗木。接ぎ木苗よりも大量に生産でき、価格も安価だが、果樹の種類が限られる。

実生苗

タネから育てた苗木。果樹の場合、親木とちがう性質になってしまうため、一部の果樹のみ流通する。

年齢ごとの分類

棒苗（1年生苗）

接ぎ木後1年間、畑で育ててから掘り上げた苗。小さいときから樹形を整えやすいので庭植え向きだが、木が充実して実がなるまでに数年かかる。

大苗

接ぎ木したあと2〜3年間、畑やポットで育ててから掘り上げた苗。年数により2年生苗、3年生苗と呼ぶ。ある程度生長し、枝葉が多くつき根が充実しているため、実がなるまでの期間が短くなる。なかには実つきのものもある。

流通時の状態の分類

ポット苗

流通上の管理がしやすく、店頭でも一般的。ポットのままでは育てられないが、購入後すぐに植えつけができないときはそのままの状態で置いておける。

鉢苗

鉢植えで数年間管理された苗木で、実がついたものもある。根詰まりなどがなければ、しばらくはそのまま育てられるが、生長したら植え替えが必要になる。

裸苗

畑から掘り上げたままの状態の苗。土を落とし根が見えているものや、根鉢のついたものがある。入手後はすぐに植えつける。

よい苗の見分け方

落葉樹の場合

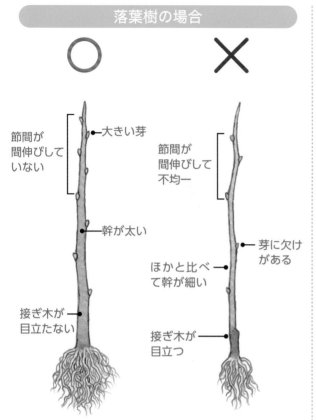

○

- 大きい芽
- 節間が間伸びしていない
- 幹が太い
- 接ぎ木が目立たない

×

- 節間が間伸びして不均一
- ほかと比べて幹が細い
- 芽に欠けがある
- 接ぎ木が目立つ

落葉期に出回ることが多く、おもに枝と芽に注目する。枝が太すぎたり細すぎたりせず、芽が枝全体につき、芽と芽のあいだ（節間）が開きすぎていないものを選ぶとよい。ポット苗や鉢苗では、根元がぐらつくものは避ける。

常緑樹の場合

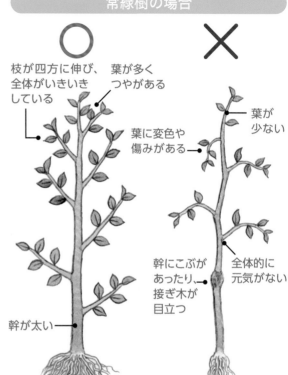

○

- 枝が四方に伸び、全体がいきいきしている
- 葉が多くつやがある
- 幹が太い

×

- 葉が少ない
- 葉に変色や傷みがある
- 幹にこぶがあったり、接ぎ木が目立つ
- 全体的に元気がない

枝や芽のつき方とともに、葉数が多くて色つやがよいものを選ぶ。葉が縮れていたり黄ばんでいるものは、根が傷んでいたり、病害虫の被害を受けている場合があるので注意。

お店でチェック！

実際に見てみよう

　鉢底から根が飛び出ているものは根詰まりを起こしている可能性がありますが、地上部が元気なら植えつけや植え替えで苗木もリフレッシュして元気になります。接ぎ木苗の場合は、接ぎ木部分より下から出ている芽は台木の芽。穂木である本来の果樹の生育が悪くなっている可能性があるので確認しましょう。

上部だけでなく、ポットの底、接ぎ目もチェックしよう。

ここもポイント

ラベルについて

　果樹では種類とともに、ナシなら「豊水」、ブドウなら「巨峰」などの品種名がわかると安心です。とくに受粉樹が必要な果樹は、適した品種の検討に必要です。

　ラベルには原産地や、暖地向き、寒冷地向きなど栽培に適した地域、乾燥に強いか弱いかなどについて書かれていることがあります。水やりや肥料の与え方など栽培管理の情報などが記載されていることもあるので、参考にするとよいでしょう。

苗木を植える

苗木を購入したら、植えつける場所を決めて苗木を植えましょう。植えつけ場所は日当たりと水はけがよく、強風が当たらないところが適します。

よい土の条件を知ろう

植物を育てる土は、ほどよく水分を含んだやわらかい状態がよいとされます。手で軽くにぎると、手の形にまとまったまま崩れない状態ですが、それを指で押すとホロリと崩れるものです。こういった土は有機物を多く含み、果樹栽培にも最適です。

条件1 通気性がよい

土の中で根が健やかに伸びるためには、ある程度の空気が必要となる。粘土質のべったりとした重い土では、土の粒のあいだに空気が少なく植物は十分に根を張ることができない。

条件2 水はけがよい

植物の根は土の中で呼吸をしている。つねに水浸しだと、根が呼吸できず、生長に必要な養分や水分の吸収もできないため、根の呼吸を妨げない水はけのよい土にする。

条件3 保水性がよい

樹木の根には太い部分と細い部分があり、おもに細い根の先端部分で水分や養分を吸収している。細い根は乾燥しやすく枯れやすいので、乾燥しない程度に水分を保つことが大切となる。

条件4 肥料もちがよい

肥料もちとは、土の中で肥料の養分が失われないように保つ性質のこと。土の中の養分は有機物と無機物により保持されているので、これらが適度に含まれている土がよい土。

条件5 有機物が多く含まれている

土に含まれている有機物は、土をやわらかくして空気を多く含むようにする。また、土壌の改良に役立つ微生物を呼び寄せて水はけや水もち、肥料もちのよい土に変える効果がある。

条件6 酸度が適している

土壌の酸性度はpHで示される。ほとんどの果樹はpH5.5〜6.5の弱酸性を好むが、ブルーベリーやクランベリーなど、pH5.0以下の酸性土壌で育つ果樹もある。

さらに果樹は、種類によって栽培に適した土壌酸性度（pH）があるので、栽培場所の酸性度も確認しましょう。酸性度は、市販の酸度測定液や土壌酸度計で測定できます。土の状態は、2年に一度程度は確認し、必要なら土壌改良を行います。

土壌酸性度の改良

酸性よりの場合

pH7以下は酸性。雨が多い日本の土壌は雨水でアルカリ性のミネラルが流れてしまうため、酸性にかたむきがち。苦土石灰などアルカリ分の多い資材で中和させる。

苦土石灰（くどせっかい）

アルカリ性よりの場合

pH7以上はアルカリ性。アルカリ度が高いと土壌内のカリウムや鉄などのミネラル分が不足し、生育に影響を与える。無調整のピートモスなどの改良土で中和させる。

ピートモス

各果樹に適したpH

pH		果樹
アルカリ性 ↑	7.0〜6.5	イチジク、ブドウ
	6.5〜6.0	柑橘類、キウイフルーツ、ビワ、ナシ、洋ナシ、モモ、リンゴ
	6.0〜5.5	ウメ、カキ、クリ、ラズベリー、ブラックベリー、サクランボ
↓ 酸性	5.0以下	ブルーベリー、クランベリー

🌱 果樹が育つ土作り

樹木は根から水分や養分を吸って育つので、根がのびのび生長できる土を作ると、枝や葉がよく茂りおいしい果実ができます。

庭植えの場合は、土壌酸性度を確認したあとに、庭土に有機質を加えて苗木が育ちやすいやわらかい土壌にします。酸性度の

> 土作りは冬の間、苗木を植えつける1〜2か月前から始めるのがおすすめ！

中和調整をした場合は、1〜2週間まってから有機質を加えましょう。

鉢植えの場合は、腐葉土と赤玉土を1:1の割合で混ぜたものを基本の用土とします。

庭の土作り

土作りは、植えつけ場所を中心にしてさらに広めの範囲で行うのが理想。直径50〜100cm程度、深さ30〜40cm程度の土を掘り上げたら、土と同量の堆肥や腐葉土を加え、よく混ぜ合わせてから戻す。有機質を加えて耕すことで、空気を含んだやわらかい土に変わる。

腐葉土

堆肥

腐葉土と堆肥の総量を掘り上げた土と同量にする。

土が粘土質で水はけが悪い場合は、植え穴の中に粒子の大きなパーライトや砂を敷き入れてから、有機質を加えた掘り上げ土を戻し入れる。

パーライト

堆肥（たいひ）

牛や馬のフンなどを原料とした動物性堆肥と、樹皮などを原料とした植物性堆肥がある。微生物の働きで土を肥沃にしてくれる。完熟したものを使う。

腐葉土（ふようど）

広葉樹の落ち葉を微生物の力で分解、発酵させたもの。通気性、排水性、保肥性がよくなる。完熟したものを使う。

パーライト

鉱石の一種を高温高圧で焼いて多孔質にしたもの。黒曜石系と真珠岩系があり、通気性、排水性を高めるのは黒曜石系。真珠岩系は保水性をよくする。

鉢植えの用土

腐葉土と赤玉土を1:1の割合で混ぜ合わせたものを基本土とし、環境に合わせて改良土を追加する。

腐葉土

通気性、水はけ、保肥性を高める。

＋

赤玉土

赤土を粒の大きさによって大玉・中玉・小玉にわけたもの。通気性、水はけをよくする。

バーミキュライト

蛭石を高温で焼いて、多層の薄板状にしたもの。保水性や通気性をよくする。

パーライト

水やりを頻繁にできる場合は、黒曜石系で排水性をよくし、水やりの機会が限られる場合は、真珠岩系で保水性を高める。

ピートモス

無調整のものは、ブルーベリーなど酸性を好む果樹の酸度調整に使う。調整されたものは、保水性、保肥性をよくする。

ここもポイント
培養土について

培養土とは、基本の用土に改良用土や肥料などを加え、そのまま使えるようになっている土です。初心者の場合は、果樹の栽培用にミックスされた市販の培養土を使うのもおすすめです。培養土を使う場合は、鉢底に大粒の赤玉土や軽石を敷いて、通気性と排水性をよくします。

庭に植える

庭に植えるときは、日当たりと水はけがよく、強風が当たらない場所を選びます。植えつけの1～2か月前から酸度を調整し、腐葉土や堆肥を入れて土作り ➡P19 をしておくのが理想ですが、間に合わなければ植えつけの際に行ってもかまいません。

> 植えつけ時の元肥には、根の張りをよくする「熔成リン肥(ようせい)」がおすすめです

1 植え穴を掘る

直径・深さとも、植えつけ苗の根鉢の約2倍を目安に植え穴を掘る。深さは根鉢の下に元肥や土を入れてから苗木を置くので、鉢やポットのまま苗を入れてみて深さを確かめながら、やや深めに掘る。

> 水はけの悪い土壌で植えつけと土作りを同時に行う場合は、この段階でパーライトを穴底へ

2 苗木を水につける

ポットから抜いた苗木は、根を傷めないように根鉢の土を落とし、バケツに入れた水に30分程度つけておく。根の乾燥を防ぎ活着がよくなる。

3 元肥を入れる

掘り上げた庭土を両手に1杯ほど箕にとり、堆肥を2倍、元肥の熔成リン肥を庭土の半分の割合で入れ、よく混ぜる。混ぜたものはすべて植え穴の底に入れる。

堆肥

熔成リン肥

庭土

4 埋め土を作る

掘り上げた庭土の残りを箕にとり、庭土3：堆肥1の割合で混ぜ合わせ、植え穴の3分の1ほどの深さまで入れる。

> 土作りと同時の場合は、庭土と堆肥を1：1に

5 苗木を植える

苗木の根を広げて穴に据え置き、4の埋め土で植えつける。周囲の地面よりも低い位置で土を平らにならす。

6 支柱を立てる

支柱を穴の底まで届くようにしっかり突きさして立てる。苗の幹と支柱を麻ひもなどで結び、苗木を固定する。

7 水をやり覆土する

植え穴に水が溜まるようにたっぷりの水をやる。水が引いてきたら、残っている埋め土や庭土をかぶせる。接ぎ木苗の場合は、接ぎ目部分が地面から出るようにする。

8 完成

枝の先端を切り返すと新しい芽の発生が促される。新しい芽が動き出したあと1か月後くらいから肥料を与える➡P48。

🪴 鉢に植える

果樹を植える鉢は、苗木のポットより2回りくらい大きく、高さのあるものを選びましょう。果樹は樹高が高くなるので、深い鉢に植えたほうが重心が低くなって安定し、根も深く張ることができます。さまざまな素材の鉢が売られていますが、樹木を植えた鉢はかなり重くなるので、移動するときのことを考え、軽い素材を選ぶのもよいでしょう。

鉢植えの土は、市販されている
果樹用の培養土を使うのが便利

用意するもの
- 苗木
- 植木鉢（コンテナ）
- 鉢底ネット
- 市販の培養土（元肥入り）
- 赤玉土（大粒）
- バケツ（水を入れる）
- 土入れ
- ジョウロ

1 苗木を水につける

ポットから苗木を抜き、根鉢を崩さずそのままバケツの水に30分程度つけておく。

2 鉢底に赤玉土を入れる

鉢の底に、鉢穴の大きさに合わせてカットした鉢底ネットを置き、赤玉土を1〜2cmほどの高さまで入れる。土が流れ出すのを防いでくれる。

3 鉢に苗を仮り置きする

鉢に苗を仮り置きし、高さを確認する。接ぎ木苗の場合は接ぎ目が土の上に出るようにするため、苗木が低すぎる場合は、赤玉土の上に培養土を入れ高さを調整する。

培養土が用意できない場合は、赤玉土と腐葉土を1：1の割合で混ぜ、元肥として粒状の緩効性肥料を規定量加えたものでもOK

ウォータースペース

4 苗を植える

苗の高さがだいたい決まったら、培養土を入れて植える。培養土を入れるのは鉢の縁から3〜4cmほど下がったところまでにし、ウォータースペースをつくっておく。

5 土を整える

苗の根と鉢の間に隙間ができないよう、棒などで土を突きながら土を流し込む。突いて土がへこんだら、さらに培養土を加えて表土面をなめらかにする。

6 水をやる

鉢底から水が流れるまでたっぷりと水をやる。棒苗の場合は、水やりの前に支柱を立てるとよい。

ここもポイント

鉢の選び方

いきなり大きい鉢に植えると、鉢の中の水分が乾ききらず、根腐れの原因になります。現状の鉢（ポット）のサイズよりも2回り程度大きい鉢を準備するとよいでしょう。鉢のサイズは直径を示す「号」が使われ、1号は約3cmです。5号鉢は直径が15cmの鉢ということです。

さらに果樹は、地上部を支えるように深く根を張るので、高さのある鉢がおすすめです。口径は同じでも背の高い「深鉢」と呼ばれるものを選ぶとよいでしょう。最近は、鉢の側面にスリットの入っている鉢があり、これは根が鉢底で巻くのを防いでくれるので便利です。

7 完成

2年生以上の苗は先端から3分の1程度の位置で切り返すとよい。表土が乾いたらたっぷり水をやり、新しい芽が動き出したあと1か月後くらいから肥料を与える ➡P48 。

側面にスリットの入った鉢は「スリット鉢」や「根はり鉢」などと呼ばれ、水はけや通気性のよいのが特徴。構造上、根詰まりしにくく根の張りがよくなる。

幼木期のお世話

植えつけから数年間は、木を充実させる期間です。将来の姿を想像しながら、丈夫な果樹になるように管理、お世話をしていきましょう。

幼木期のお世話の基本

幼木期間は果実をがまん！
丈夫な木にすることを意識しよう

　幼木期と呼ばれるのは、接ぎ木や挿し木をしてから5〜6年ほどです。将来たくさんの果実を実らせるためにも、幼木の間は実を楽しむより、枝や葉の充実を優先するようにします。とくに2〜4年ほどは、実をつけないように管理することが大切です。

　また、幹や枝が細く、根づきも完全ではないため、風や熱暑からも守ってやる工夫も大切です。

2〜4年生の果樹

種類によるが、接ぎ木や挿し木をしてから2〜4年は、花が咲かないものもある。花が咲き実がついたものでも、熟す力がないため途中で落下する場合が多いため、花が咲いたら早いうちに摘み取り、樹勢が弱くなるのを防ぐ。骨格作りの剪定もスタートする➡P27 。

5〜6年生の果樹

多くの種類では、接ぎ木や挿し木から5〜6年で実をつけ始め成木の仲間入りをするが、それでも木はまだ若いため十分な養分を蓄えていないと考えたほうがよい。実を結んでも、できるだけ若いうちに摘み取って（摘果➡P34）、熟す果実の数を少なめに管理する。

水やり

鉢植えは休眠中の冬も水やりが必要。表土が乾いたらたっぷり水を与える。

苗木が根づくまでは地面が乾燥したらたっぷりと水をやる。ただ、多くの果樹は湿った場所を好まないので、つねに水浸しになるような状態は避ける。鉢栽培の場合は冬の間も水を切らさないように注意する。

寒さ

防寒には不織布や白の寒冷紗を。果樹全体に巻きつけるようにして上下をひもで結ぶ。

厳冬期は浅い部分の根が凍らないように地面にわらを敷くなどの対策をするとよい。比較的寒さに弱い柑橘類、ビワ、キウイフルーツなどの幼木は、園芸用の不織布で全体を覆い防寒する。

強風

幼木は幹を支えるような形で支柱を立てる。

強風時にひもなどでまとめてしまうと、風が抜けず逆に倒れやすくなる。ある程度生長した果樹はそのままにし、倒れたら戻して必要なら支柱を立てる対処でOK。根張りが弱い幼木は、事前に支柱を立て幹を支えておく。

強光

夏の遮光には黒の寒冷紗を。生長し枝葉が多くなってきたら全体を覆わずに屋根式の遮光にする。

ほとんどの果樹が日当たりのよい場所を好むが、あまりに強い日差しで葉焼けを起こすようなときには、周囲に遮光ネットを張って日ざしをさえぎる。

雨

梅雨などで雨が続くときは、鉢植えの果樹は軒下や室内に取り込む。庭植えの場合はそのままでもよいが、台風など強風が伴うときは支柱で幹を支える。

熱暑

根元にわらなどを敷いて、根を守る。

夏の猛暑で地温が上がりすぎると、根が傷み生育を妨げるので、地面にわらや刈り取った草などを敷いて保護する。鉢植えは日陰に移す。

樹木の基本構造を知ろう

樹冠の大きさは肥料 →P50 を施す際の目安にもなります

　小さな苗木は年月とともに形を変えながら生長しますが、家庭栽培の果樹はそのままほったらかしというわけにはいきません。幼木期にも多少の剪定が必要です。

　実際に枝を切る前に樹木の構造を確認しておきましょう。枝の伸び方や性質は果樹によって違いますが、基本的な構造は同じです。幼木期はもちろん、大きく育ってからも、必要な枝と不要な枝の見極めなどにも必要な知識となります。

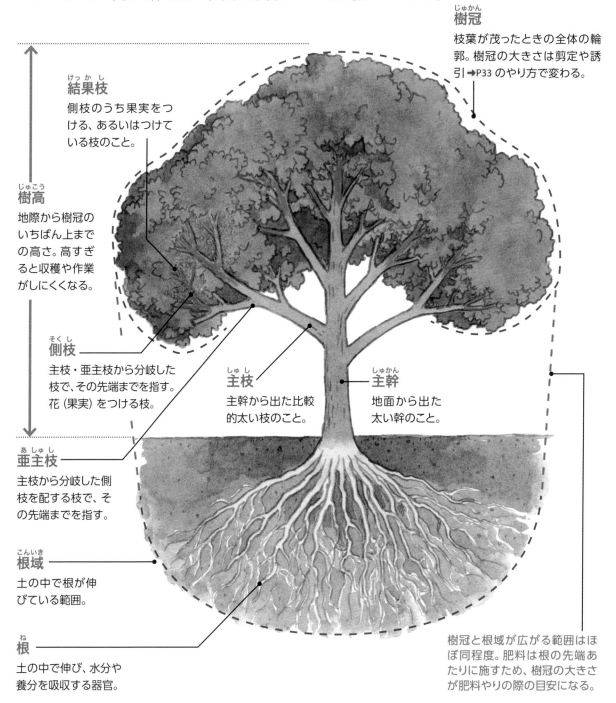

樹冠（じゅかん）
枝葉が茂ったときの全体の輪郭。樹冠の大きさは剪定や誘引 →P33 のやり方で変わる。

結果枝（けっかし）
側枝のうち果実をつける、あるいはつけている枝のこと。

樹高（じゅこう）
地際から樹冠のいちばん上までの高さ。高すぎると収穫や作業がしにくくなる。

側枝（そくし）
主枝・亜主枝から分岐した枝で、その先端までを指す。花（果実）をつける枝。

主枝（しゅし）
主幹から出た比較的太い枝のこと。

主幹（しゅかん）
地面から出た太い幹のこと。

亜主枝（あしゅし）
主枝から分岐した側枝を配する枝で、その先端までを指す。

根域（こんいき）
土の中で根が伸びている範囲。

根（ね）
土の中で伸び、水分や養分を吸収する器官。

樹冠と根域が広がる範囲はほぼ同程度。肥料は根の先端あたりに施すため、樹冠の大きさが肥料やりの際の目安になる。

幼木期から始める骨格作り

幼木期は枝も少ないため大きな剪定はしませんが、将来の樹形を意識した骨格作りのための剪定が必要です。骨格作りとは、主幹を決め、将来育てていく主枝候補を選ぶ作業です。毎年少しずつ、枝を見極めながら剪定しましょう。

剪定に便利な道具 →P37 はいろいろあるけれど、幼木期は剪定バサミがあれば十分！

1年目 冬

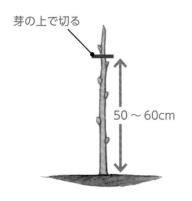

芽の上で切る

50〜60cm

棒苗を植えつけたら地面から50〜60㎝の位置で幹を切り落とす。こうすることで、残された下の芽の生長が促され、主枝の候補になる枝が何本か伸びてくる。

2〜3年目 冬

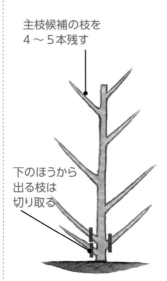

主枝候補の枝を4〜5本残す

下のほうから出る枝は切り取る

主幹から伸びてきた枝は主枝候補となる枝を4〜5本選び、不要な枝は切り取る。主枝を選ぶときには、主枝の出ている高さや伸びていく方向を見極めて残すものを決める。

4年目 冬

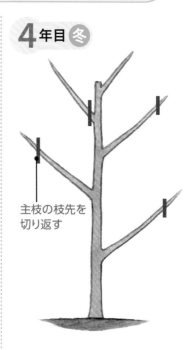

主枝の枝先を切り返す

主枝を3〜4本に絞る。全体のバランスを見てどれを残すかを決める。主枝として残した枝は、枝先を4分の1程度切り落とし、生長を促す。

実がなり始める時期

果樹	庭植え	鉢植え
イチジク	約2〜3年	約2年
ウメ	約3〜4年	約3年
カキ	約4〜5年	約3〜4年
キンカン	約3〜4年	約2〜3年
ウンシュウミカン	約4〜5年	約3〜4年
雑柑	約4〜5年	約3〜4年
ユズ	約4〜5年	約3〜4年
レモン・ライム	約3〜4年	約2〜3年
キウイフルーツ	約4〜5年	約3〜4年
ビワ	約4〜5年	約3〜4年
ブドウ	約2〜3年	約1年

果樹	庭植え	鉢植え
ブルーベリー	約2〜3年	約2年
ブラックベリー	約1〜2年	約1〜2年
ラズベリー	約1〜2年	約1〜2年
リンゴ	約5〜7年(矮性台木の場合3年)	約3年
ナシ	約3〜4年	約3年
西洋ナシ	約5〜7年	約3年
モモ	約3年	約3年
クリ	約3〜4年	約3年
サクランボ	約4〜5年	約2〜3年
ジューンベリー	約3〜4年	約2年
ザクロ	約5〜6年	約4〜5年

仕立て方の種類と特徴

果樹の樹形は、1本のはっきりとした幹のあるタイプが多いですが、剪定 ➡P36 や誘引 ➡P33 などによって、いろいろな形に仕立てることができます。

幼木のうちから将来の姿をイメージし、管理しやすい形になるよう、仕立てていくようにしましょう。

どの仕立て方であっても、収穫や作業がしやすいように、樹高が高くなりすぎないように仕上げるのがポイント

開心自然形仕立て

主幹を短くして、主枝を2～4本程度にした樹形。2～3年程度の幼木時から主枝とする枝を2～4本決め、それ以外の枝は根本から切り取っていく。主幹が1～2mほどの高さになるので、栽培作業がしやすい。主枝を誘引して、横に広がるように仕立てることもある。

適した果樹
●イチジク ●ウメ ●カキ ●サクランボ ●ビワ ●柑橘類 ●ナシ ●モモ ●クリ ●オオリーブ ●ザクロ ●ポポー ●フェイジョア など

開心自然形仕立てのレモンの木。

主幹形仕立て・変則主幹形仕立て

主幹から出る主枝を自然に近い形で管理する樹形。6～7年ほどは主幹を切らずクリスマスツリーのように円錐形に育てる（主幹形）。樹高が高くなってきたら主幹を2～3mの位置で大きく切り詰め、丸みを帯びた形（変則主幹形）にすると管理しやすい。

適した果樹
●カキ ●サクランボ ●ビワ ●リンゴ ●クリ ●オリーブ ●ザクロ ●フェイジョア など

主幹形仕立てのリンゴの木。

株仕立て

地面から何本も枝が伸びてくるものを株立ちという。株立ちは主幹がないので、同じくらいの太さの枝を5〜10本程度育て、小さなブッシュ（茂み）のように育てる。枝が次々と出てくるので、古くなった枝は切り取り、新しく出てきた枝に更新しながら管理する。

適した果樹
- ブルーベリー ● ブラックベリー ● ラズベリー ● ジューンベリー など

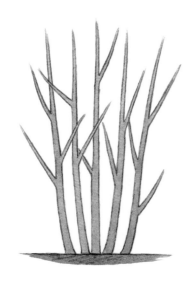

一文字仕立て

主幹をやや低い位置で切り、2本の主枝を左右に低く誘引する方法。フェンスやトレリスにそわせて垣根のように仕立てることもできる。奥行きがない場所や低く抑えたいときも便利な仕立て方。

適した果樹
- リンゴ ● ナシ ● イチジク ● ブドウ　など

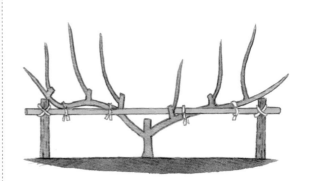

棚仕立て

高さ2mほどの高さの棚につる性の枝を広げるように誘引する仕立て方。すべての枝にまんべんなく日が当たるように側枝を広げて作ると、実つきがよくなる。

適した果樹
- ブドウ ● キウイフルーツ　など

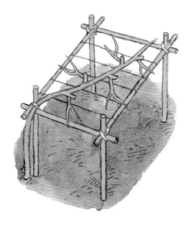

トレリス仕立て（垣根仕立て）

つる性や半つる性、株立ち状になる種類では、トレリスやフェンスに誘引して仕立てると、生け垣としても楽しむことができる。

適した果樹
- キウイフルーツ ● ブラックベリー
- ラズベリー　など

行灯仕立て（オベリスク仕立て）

3〜4本の支柱で行灯形（オベリスク形）の枠を作り、つる性の枝がなるべく重ならないように誘引する。鉢植え向きだが、庭植えでもつるの伸びを抑えながら栽培したいときに使える。

適した果樹
- キウイフルーツ ● ブドウ
- ブラックベリー ● ラズベリー　など

成木期のお世話

成木期は枝葉がよく茂り、毎年一定数の果実を実らせる期間です。果樹の種類や苗木にもよりますが、10年目〜40年目くらいの期間が成木期といえます。

成木期のサイクル

成木期に入った果樹は、毎年同じような生育サイクルをくり返して成熟していきます。おいしい果実を実らせるには、この生育サイクルに合わせた適切なお世話が必要です。

生育サイクルは果樹によって若干異なりますが、ここではリンゴ（落葉樹）とウンシュウミカン（常緑樹）を例にして、1年のお世話サイクルを解説します。

落 休眠期
冬剪定
低温期は葉を落とし休眠する。落葉後に冬剪定を行い、樹形を整えてよい結果枝を作る。

常 休眠〜芽吹き
冬剪定
落葉はしないが樹は生長を止めている。極寒期を避け、新芽が動く前に前年に伸びた枝を切り返す。

落 芽吹き〜開花
元肥・人工授粉
気温の上昇とともに活動を始める。芽ぶきが始まる前に元肥を与え、開花したら人工授粉で結実を促す。

常 収穫期
収穫・礼肥
果実が肥大し成熟する。収穫後には礼肥を与えて樹勢の回復を助ける。

落 収穫期〜落葉
収穫・礼肥
果実が肥大し成熟する。収穫後には礼肥を与えて樹勢の回復を助ける。

常 開花
元肥
気温の上昇とともに芽吹き、開花が始まる。芽吹き前に元肥を与え、生育の基礎を準備する。

中央の円：

生育状態と年間のお世話
例：落 落葉樹＝リンゴ
常 常緑樹＝ウンシュウミカン

12月　1月　2月　3月　4月　5月　6月　7月　8月　9月　10月　11月

常 夏の生育期
摘果・夏剪定
夏秋枝が伸びる。枯れ枝などの不要枝を切り落とし、日当たり・風通しをよくする。摘果で残った実に養分を行きわたらせる。

落 夏の生育期
夏剪定
光合成がさかんになり新梢が伸びる。不要な枝は間引きし、新梢は切り返し剪定を行って病害虫を予防する。

常 果実肥大
追肥
樹勢が弱いと生理的落果が起こりやすい。新梢の伸び具合を見て、勢いが弱いときは追肥を行う。

落 果実肥大
追肥・摘果
梅雨時の日照不足で生理的落果が起こりやすい。摘果と追肥によって残した実に養分を行きわたらせる。

自然受粉と人工授粉

ほとんどの果樹は、花粉が雌しべの先端に付着することでタネができ、果実となります。この付着を「受粉」といい、通常は昆虫や風などによって花粉が運ばれ、自然に受粉が行われます。しかし、何らかの理由で自然に受粉できないときは、人の手で受粉を助ける人工授粉が必要になります。

果樹のなかには、自分の株内で自然受粉し結実する「自家和合性」の種類と、自分の株または同一品種の株の花粉ではうまく受粉できない「自家不和合性」の種類があります。またキウイフルーツのように、雌花と雄花が別々の木に咲く「雌雄異株」もありま

す。自家不和合性や雌雄異株は、異なる品種（受粉樹）を近くに植えることで自然受粉の可能性が高くなります →P15 。

しかし自然受粉は、気候や昆虫の影響で不安定なことがあります。そのため、受粉により結実する果樹に確実に実をつけたいなら、筆を使ったり花同士をこすり合わせて行う人工授粉がおすすめです。

一方、受粉の過程がなくても結実し、果実が熟す性質をもつ果樹もあります。「単為結果性」と呼ばれる種類です。単為結果性の果樹は、受粉樹を植えたり人工授粉を行う必要がありません。

人工授粉の方法

筆などで授粉させる
絵筆や梵天などで、早朝に、咲いたばかりの花を中心に、雄しべと雌しべを交互に次々とふれていく。受粉樹が必要ない種類などではもっとも簡単な方法。

花をこすり合わせて受粉させる
受粉樹が必要な種類で、受粉させる花の数が少ないときに便利な方法。早朝に、花粉が出ている花を摘んで、別の花の雌しべの柱頭にこすりつけるようにして受粉させる。

ここもポイント
人工授粉が必要ない果樹
ウンシュウミカンやユズ、オレンジ類、レモン、ライムなどの柑橘類、カキの「平核無柿」、イチジクなどは受粉なしで結実する単為結果性の果樹です。ブドウも人工授粉しなくてもよく結実します。

自然受粉の種類

風媒による受粉
風媒とは風によって花粉が運ばれて受粉すること。スギやヒノキ、イチョウなどが知られている。果樹の風媒受粉は少なく、クリ、クルミなどわずか。写真はクリの花。

虫媒による受粉
虫媒とはミツバチなどの昆虫によって受粉すること。果樹はほとんどが虫媒で、とくにリンゴやナシ、モモなどのバラ科の果樹の受粉には昆虫が活躍している。写真はリンゴの花。

成木期の枝の管理

果樹によって必要度も違うので、適切な作業を適切な時期に行います

幼木から生長した果樹には、一年を通してさまざまな管理作業があります。とくに枝の管理作業は、たくさんの果実をつけるために欠かせません。

枝の管理作業といえば剪定 →P36 です

が、芽かき、間引き、摘心なども剪定作業の一種です。ここではおもに春に行う、芽かき、間引き、摘心の剪定と、枝を固定させる誘引について説明します。

芽かき

枝の先端や途中の節には複数の芽がつくことがある。これは主芽が霜などでダメージを受けたときの予備の芽だが、すべての芽が生長すると混み合って日当たりや風通しを

妨げたり、養分を取り合ったりしてしまう。1か所から芽が複数出ている場合は、1本だけを残して芽かきをすると、残った芽に養分が行きわたり、充実する。

1か所に複数の芽が出ているときは、1本だけ残すようにする。

新梢の根元や主枝の分かれ目などにも芽がでやすい。養分を奪い合ってしまうので早めに芽かきする。

間引き

樹冠の内部まで光を入れ、風通しをよくするために不要な枝を切り取る作業。果樹全体の間引きは、おもに冬の剪定作業のときに行うが、新梢が伸び出した時期にも、枝の状態を見て間引きを行うようにする。

枝が混み合っている場所は間引く。真上に強く伸びる枝は実がつきにくいので切り取る。

摘心

摘心は、春に出てきた新梢が生長してかたくなる前に、先端を指で摘まみ取ったり、枝の途中からハサミで切り落としたりする作業。新梢の伸びをおさえて、脇芽の発生を促す目的がある。

キウイフルーツの摘心。新しく伸びたつるの先についた小さな芽を指でつまんで摘み取る。

摘みとる目安は
50円玉ほどの大きさ

脇芽が
出てくる

ブドウの摘心。先端の芽の大きさは50円玉くらいが目安（上）。先端を摘心すると脇芽が出やすくなる（下）。

誘引

ヒモなどを使って、つるや枝を支柱や棚に固定する作業。果樹の樹形を整え、日当たりや風通しを確保することで、実つきをよくする効果がある。冬の剪定をしたあと同時に行うとよい。

こまめに固定する

リンゴやナシなど、枝が上に伸びる傾向のあるものは、幼木から若木のころに支柱やひもを使って横に広がるように誘引すると、実つきがよくなる。芽に傷がつかないようにしながら、枝はこまめに固定する。写真はナシの誘引。

誘引した枝が折れてしまったときは接ぎ木用テープを巻きつけて固定する。誘引時には折れなくても、数日後に折れてしまうこともあるので、日々の観察が大切。

60度

主幹との角度が狭い主枝はビニールひもなどで引いて、角度を広げるように誘引する。角度が60度ほどになるように枝を引き、地面に打った杭にひもを結びつける。

成木期の花と実の管理

おいしい果実を収穫するには、木になる実の数を適度に減らして、残った実に栄養を集中させることが大切です。そのために、つぼみや花を摘む摘蕾や摘花、幼果を取り除く摘果などを行います。せっかくできた実

実がつきすぎると養分を奪い合って、みんな養分不足になってしまいます。葉で作れる養分は限られているので、実の数を減らしましょう

を摘むのは惜しい気がしますが、摘果によって果実はよりおいしくなります。

摘蕾・摘花

果実の数の制限は、できるだけ早い段階のほうが木への負担が減る。確実に数を減らす場合は、つぼみや花の段階で摘み取るほうがよい。

茂木種のビワは下の1～2段と上部を切り取る。田中種の場合は、上部を切り半分程度に切り詰める。

果実の数を制限する摘蕾本来の目的とは異なるが、ナシは枝の先端から1～2芽のつぼみを摘むと、枝の生育がよくなる。指で摘むように取る。

摘果

放任状態の果樹は、種子をたくさん作ろうと多くの実をつける傾向がある。そのままにしておくと、実が小さくなったり糖分が分散して甘みがうすくなったりしてしまう。

キウイフルーツのように数個の実が房状につくものは、葉数と実数がつりあうように余分な実を摘み取る。キウイフルーツの場合は葉5枚に果実1個が目安。

ナシは1か所に複数の実がつく。写真よりも、もう少し実が生長してきたら、実の形がよく、軸がしっかりとして長いものを1個残す。

ブドウの場合は1房の粒を減らすため「摘粒」と呼ぶ。上向きのもの、小さいもの、中心のほうで混み合っている粒をハサミで切り取ると、1粒が大きくなる。

袋かけ

果実の袋かけは、病気や害虫を防いだり、葉でこすれて実が傷つくのを防いだりするための作業。1個1個の果実に袋をかけるのは時間のかかる作業で、一見過保護のように

も見えるが、質のよい果実を作るために必要な作業なので、めんどうくさがらずに行うとよい。

ブドウやサクランボのように皮のうすい実は、雨で水分を含みすぎると実が割れてしまうこともある。とくに巨峰やマスカットは袋がけが必須。

ナシの袋かけ。実を傷つけないように下から袋をかぶせ、上部で閉じる。虫などが入らないようにしっかりと結ぶ。

収穫

多くの果実は、樹上で完全に熟したものを収穫して食べるのがもっともおいしいといわれている。

果樹によって果梗（柄）をハサミで切り取ったり、指でつまんだりする。実が痛まないようていねいに収穫しよう。

ここもポイント

収穫時期の見分け方

　実が完全に熟すと、多くの果樹は実と枝をつないでいた柄の部分に離層という層ができます。これができている果実は、手で持ちあげると簡単に柄を折り取ることができます。離層ができにくい果樹では、色づき具合などから収穫期を決めましょう。
　ナシなどは、果実を持ちあげると自然に取れます。多くの果実は熟しすぎると柄が自然に折れて落果してしまうので、その前に収穫しましょう。

追熟

追熟とは、果実を木から取ってしばらく置いておくあいだに糖度が増したり果肉がやわらかくなったりすること。キウイフルーツや西洋ナシなど追熟により糖度が上がるものと、ナシやリンゴ、ブドウのように食感や味が落ちるものがある。ナシや柑橘類などは数日置くほうが甘くなるといわれることもあるが、実際には、酸味が減ることで甘みを強く感じるようになる。モモのように、追熟で果肉はやわらかくなるが、甘みは収穫時と変わらないものもある。

追熟を要する	追熟が不要	
●キウイフルーツ	●ナシ	●サクランボ
●西洋ナシ　など	●リンゴ	●ブルーベリー
	●ブドウ	●イチジク
	●ビワ	●柑橘類　など

通常は常温（15 〜 20℃程度がベスト）で、直射日光の当たらない風通しのよい場所に数日置くことで追熟する。リンゴやバナナと一緒にビニール袋に入れると早く追熟する。

整枝・剪定の準備

整枝・剪定は、枝を切ったり、誘引したりして樹形を整えることです。
実際の作業の前に、目的や果樹の枝の性質について確認しておきましょう。

整枝・剪定の目的

1 お世話しやすい樹形にするため

果樹には枝が横に広がりやすいとか、真っ直ぐ上に伸びやすいなどそれぞれ性質があります。それらの性質を生かしつつ、栽培する場所の広さや作業の効率を考え樹形を整えていきます。成木になったときをイメージしながら、苗木・幼木・若木とそれぞれの段階で整枝して、樹形を整えましょう。

2 毎年の収穫量を維持するため

果樹栽培では、よく実をつける年とほとんど実がつかない年が交互になることがあり、これを隔年結果とよんでいます。隔年結果を避けるには、果樹ごとの花芽のつき方 ➡P46 を知って花や実をつける枝を知ることが大切です。実をつける枝とつけない枝をバランスよく剪定することで、毎年安定した収穫量が維持しやすくなります。

3 全体に風と光を通すため

ほとんどの果樹は風通しと日当たりのよい場所を好みます。無駄な枝を切り取り、木の内部まで光を入れ、風が通りぬけるように剪定することで、病気の発生や害虫の繁殖を抑える効果も期待できます。光や風が入ると実つきもよくなります。

4 木を若返らせるため

実をたくさんつけて樹勢が弱ってくると徐々に実つきが悪くなり病気も発生しやすくなります。古くなった枝や弱った枝を取り除いて、新しい芽を出させ、そこから新しい枝を作っていくという手順で、上手に枝を更新させていきましょう。枝を更新すると木が若返り、樹勢も回復してきます。

剪定の道具

刃物は、消毒用アルコールで拭いたり、コンロの火で炙ったりして、必ず消毒してから使いましょう。使用後は水洗いし、水分をしっかり拭き取っておきます

剪定バサミ

細い枝から太さ2cm前後の枝まで切ることができる。幅の広い切り刃とせまい受け刃があり、切り残す側に切り刃を当てて切る。留め金を内側に曲げておくと握ったときに手をはさみにくい。

太い枝を切るときは枝の先を持って、受け刃のほうへ軽く押し当てて切る。細い枝を切るときは刃先をつかって切るか、園芸バサミを使ってもよい。

園芸バサミ

細い枝をつまむように切るときに使う。摘果や摘蕾、収穫などにも使えるのでひとつ準備しておくと便利。

脚立（きゃたつ）

高い場所での剪定や収穫などの作業には脚立かはしごを使う。脚立の最上段に立つのは危険なので避ける。

癒合剤（ゆごうざい）

枝を切ったときは切り口に癒合剤を塗って保護し、病原菌などが入らないようにする。

主幹や主枝から出ている直径1cm以上の枝を切ったときは癒合剤を塗ると安心。

高枝切りバサミ

高い位置にある枝を切るのに便利。伸縮するものや電動タイプなど、さまざまなものがある。

ノコギリ

太さ2cmを超えるような太い枝を切るときに使う。引くときに力を入れて切り、押すときには力を入れずポジションを戻すだけ。

ノコギリを取りつけられるものもある。

剪定の時期

剪定の失敗を防ぐために一番気をつけたいのは、剪定する時期です。枝を切る剪定は果樹にとってもストレスになる作業。なるべく木へのダメージが少なくなる時期を選ぶことが大事です。

剪定には一般に冬剪定と夏剪定があります。同じ冬剪定でも、落葉果樹と常緑果樹では適期が違い、剪定の方法も異なります。栽培している果樹の適切な時期と方法を覚えておきましょう。

 春の芽吹き時や活発に生長している時期は、養分や水を吸い上げていて切り口がふさがりにくくなるため剪定は避けましょう

落葉樹

落葉樹は春～夏に養分を蓄え、気温が下がると葉を落として休眠する。休眠中は枝を切ってもダメージが少なく、切りすぎて枯れる心配もあまりない。冬剪定では骨格を作る剪定をし、夏剪定では日当たりや風通しを妨げる枝を透かしたり、不要な枝を切る程度にとどめる。

葉のない冬剪定は、全体のバランス見ながら剪定できる。太い枝を切ることもできるので、樹形を整える剪定を行う。

剪定	適期	方法
冬剪定	12～2月	太い枝も切ることができ、本格的な剪定ができる。
夏剪定	5～8月	茂っている部分の枝を間引いたり、不要な枝を切る程度にする。果樹ごとの適期は、各果樹の育て方のページで確認を。

常緑樹

常緑樹は新芽が動き出す前の3月が適期だが、夏に出る芽の生育が止まる9月ごろにも剪定ができる。もともと暖地で生育していた常緑樹は、冬の寒さが苦手なので、厳冬期の剪定は避ける。

枯れ枝は病気のもとなので季節を問わず取り除く。常緑樹は日当たりや風通しを確保する間引き剪定が基本。

剪定	適期	方法
冬剪定	3月	太い枝も切ることができ、本格的な剪定ができる。
夏剪定	9月	茂っている部分の枝を間引いたり、枯れ枝や不要枝を切る程度でよい。ウンシュウミカンなどは夏秋枝の整理をする。

剪定すべき不要枝の種類

　剪定は難しいと感じるかもしれませんが、まずは下図のような取り除くべき不要枝を探してみましょう。不要枝は枝の根本から切り落とすようにします →P43 。

枝の伸び方などを確かめながら不要な枝と必要な枝を見極めるように心がけると、徐々に剪定に慣れてきます

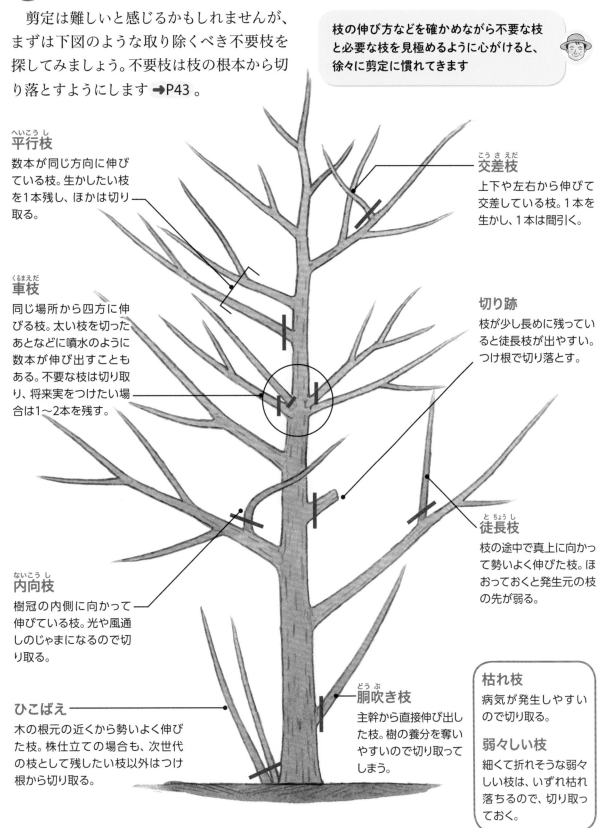

平行枝
数本が同じ方向に伸びている枝。生かしたい枝を1本残し、ほかは切り取る。

車枝
同じ場所から四方に伸びる枝。太い枝を切ったあとなどに噴水のように数本が伸び出すこともある。不要な枝は切り取り、将来実をつけたい場合は1〜2本を残す。

内向枝
樹冠の内側に向かって伸びている枝。光や風通しのじゃまになるので切り取る。

ひこばえ
木の根元の近くから勢いよく伸びた枝。株仕立ての場合も、次世代の枝として残したい枝以外はつけ根から切り取る。

交差枝
上下や左右から伸びて交差している枝。1本を生かし、1本は間引く。

切り跡
枝が少し長めに残っていると徒長枝が出やすい。つけ根で切り落とす。

徒長枝
枝の途中で真上に向かって勢いよく伸びた枝。ほおっておくと発生元の枝の先が弱る。

胴吹き枝
主幹から直接伸び出した枝。樹の養分を奪いやすいので切り取ってしまう。

枯れ枝
病気が発生しやすいので切り取る。

弱々しい枝
細くて折れそうな弱々しい枝は、いずれ枯れ落ちるので、切り取っておく。

剪定の前に花芽を確認しておく

植物の芽には、生長すると葉や枝になる「葉芽」、花になる「花芽」、両方つける「混合花芽」があります。また、芽のつく位置でも区別があり、枝の先端にできる芽を「頂芽」、葉のつけ根につく芽を「腋芽」といいます。果実を実らせるには花芽が必要で、剪定で花芽を落としてしまうと実がなりません。花芽のつく位置は果樹によって違います。剪定を行う前にそれぞれの花芽のつき方を確認しましょう。

芽の種類、つく位置を知ることで、上手な剪定ができるようになります

芽の種類

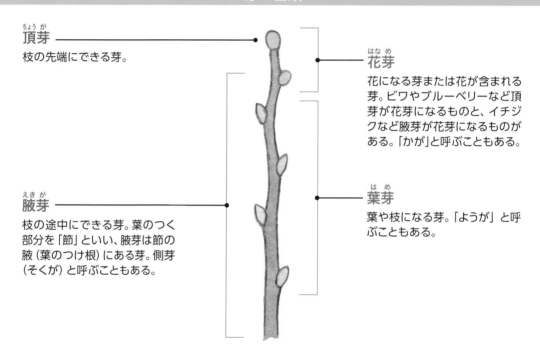

頂芽（ちょうが）
枝の先端にできる芽。

花芽（はなめ）
花になる芽または花が含まれる芽。ビワやブルーベリーなど頂芽が花芽になるものと、イチジクなど腋芽が花芽になるものがある。「かが」と呼ぶこともある。

腋芽（えきが）
枝の途中にできる芽。葉のつく部分を「節」といい、腋芽は節の腋（葉のつけ根）にある芽。側芽（そくが）と呼ぶこともある。

葉芽（はめ）
葉や枝になる芽。「ようが」と呼ぶこともある。

ここもポイント

花芽ができる時期

新梢についた芽は、ある時期になると葉芽とは違う構造の花芽に変わります。この仕組みは「花芽分化（かがぶんか）」と呼ばれ、落葉果樹は6～8月ごろ、常緑果樹は11～2月ごろが一般的です。

葉芽と花芽は、はじめはほとんど同じような形をしていますが、芽が開く時期が近づいてくると、花芽は徐々に丸みが増し、葉芽は細くとがってくることが多くなります。

ウメの芽。中央のとがった芽が葉芽。両端の大きな芽が花芽。

ここもポイント

前年枝と当年枝について

果樹の枝は、春からその年に伸びた枝を1年枝（当年枝）、昨年伸びた枝を2年枝（前年枝）、一昨年伸びた枝を3年枝と呼びます。花や実がどの枝（前年枝か当年枝）につくかは果樹により違ってきます。

花芽をつける枝、花芽のつく位置、開花から実をつけるまでの性質は果樹ごとに異なりますが、この性質を「結果習性」といいます。果樹の剪定では、それぞれの果樹の結果習性を知ることが重要です。結果習性ごとの剪定のポイントは46ページで解説しています。

花芽の種類

純正花芽
（じゅんせいかが）

開いた芽から花だけが
咲き実になる花芽。

おもな果樹
●ウメ●ビワ●モモ●ブルーベリー
●サクランボ　など

混合花芽
（こんごうかが）

開いた芽から枝
が伸び、葉と花
ができる花芽。

おもな果樹
●イチジク●リンゴ●ナシ●西洋ナシ●柑橘
類●カキ●クリ●ザクロ●キウイフルーツ●
ブドウ●ブラックベリー●ラズベリー　など

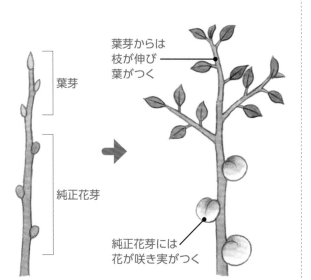

葉芽

純正花芽

葉芽からは
枝が伸び
葉がつく

純正花芽には
花が咲き実がつく

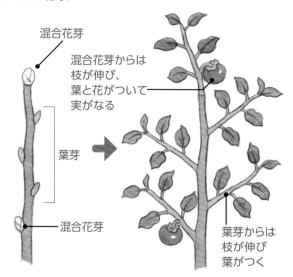

混合花芽

混合花芽からは
枝が伸び、
葉と花がついて
実がなる

葉芽

混合花芽

葉芽からは
枝が伸び
葉がつく

花芽のつく位置

頂生花芽
（ちょうせいかが）

頂芽が花芽になるタイプ。枝の先端
に花芽がつくので、枝先を切り返すと
花も実もつかない。

おもな果樹
●ビワ●リンゴ●ナシ●ブルーベリー
●ジューンベリー　など

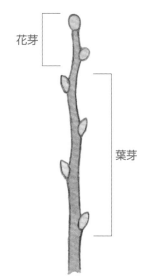

花芽

葉芽

頂腋生花芽
（ちょうえきせいかが）

頂芽と腋芽が花芽になるタイプ。枝
の先端と途中に花芽がつくので、枝
先を切り返すと花数が減る。

おもな果樹
●柑橘類●西洋ナシ●カキ●クリ
●リンゴやナシの一部　など

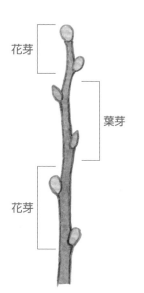

花芽

葉芽

花芽

腋生花芽
（えきせいかが）

腋芽が花芽になるタイプ。枝の途中
に花芽がつくので、先端を切っても果
実の収穫が期待できる。

おもな果樹
●イチジク●モモ●ウメ●サクランボ
●キウイフルーツ●ブドウ
●ブラックベリー●ラズベリー　など

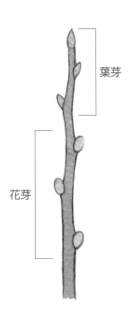

葉芽

花芽

整枝・剪定の手法

骨格ができたあとの成木期は、樹の健康と樹形を保つことを主な目的に剪定します。不要枝を取り除き、日当たりや風通しがよくなるよう心がけましょう。

剪定の基本手順

1 不要枝を切る

剪定は最低でも年に1回は行うようにする。まずは、枯れ枝、徒長枝などの不要枝 ➡P39 を切り取っていく。風通しと日当たりを考えて、間引き剪定 ➡P43 も行う。

2 木の高さと広がりを抑える

スペースに合わせて広がりや高さを抑えるときには、全体のバランスを考えて切り返し剪定 ➡P44 を行う。次の年に伸びる長さを考慮して少し深めに枝を切る。

3 全体を見ながら、枝先を切りつめる

枝数や葉数を増やしたい場合は、枝先を切る切り返し剪定を行う。枝先に花芽がつく果樹 ➡P46 は、切りすぎると実がつかなくなるので注意が必要になる。

大きくなりすぎた果樹の場合

冬剪定では大きくなりすぎて扱いにくくなった果樹を小さくする剪定ができる。ただし、小さくしたいからと、幹（主幹）や主枝のような太い枝をいきなり深くばっさりと切るのはやめる。1か所から徒長枝が噴水のように伸び樹形が乱れ、樹勢が弱って実がつかなくなることがある。数年かけてイメージどおりの樹高や樹形に仕立てていく。

主枝は前年より前に伸びた部分の50cm以内にとどめるように切る

主幹は全体の3分の1程度以内を目安に切る

2〜3年間はこの方法で剪定をくり返し、主幹や主枝を徐々に短くすることで、樹高や樹冠をコンパクトにする

間引き剪定

間引き剪定は、混み合った部分の枝数を減らすように切り落とす剪定です。樹形の骨格を作ったり不要枝を整理したりするのも間引き剪定のひとつで、枝のつけ根から切り取るのが基本です。切り口に癒合剤 ➡P37 を塗っておくと菌の侵入を防いでくれます。

 冬剪定のほか、夏剪定でも枝が混み合っている場合は間引きしてOK

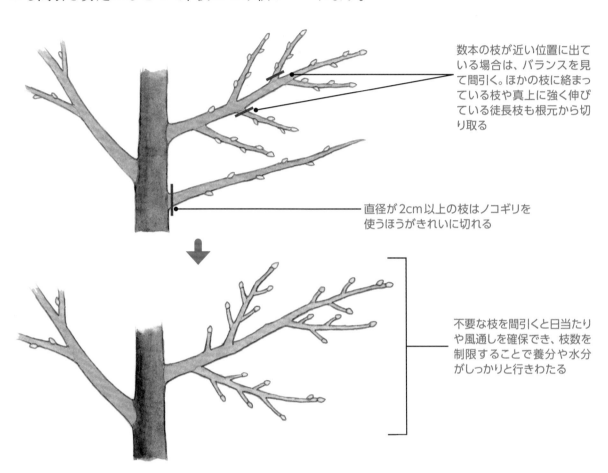

数本の枝が近い位置に出ている場合は、バランスを見て間引く。ほかの枝に絡まっている枝や真上に強く伸びている徒長枝も根元から切り取る

直径が2cm以上の枝はノコギリを使うほうがきれいに切れる

不要な枝を間引くと日当たりや風通しを確保でき、枝数を制限することで養分や水分がしっかりと行きわたる

枝の切り方

通常の枝
間引き剪定や不要枝を切る場合は、枝のつけ根から切り落とす。

分枝部分
枝分かれしている部分は、枝が残らないように斜めに切るとよい。

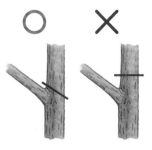

太い枝
直径3cm以上の太い枝は、1年ほど前から針金を巻いておいてから切ると木へのダメージが少なくなる。

休眠期に切りたい枝のつけ根に針金をしっかり巻きつけ、翌年の休眠期に枝を切る。枝は残さずに完全に切り落とし、切り口には癒合剤を塗る。

切り返し剪定

切り返し剪定は、枝の途中で切る剪定のことで、切り戻し剪定ということもあります。当年枝（その年に伸びた枝）の先端を切り返し剪定するのは、翌年に充実した新しい枝が伸びるのを促し、新梢の長さや量を調整するのが目的です。

果樹の種類によっては、やみくもに切り返し剪定を行うと実がつかなくなるものもあるので、花芽のつく位置 ➡P46 など考慮して行うことが大切です。

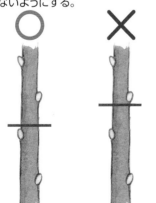

おもに冬剪定で行う剪定。
切り返し剪定をすると
枝が増えていきます

頂芽優勢（ちょうがゆうせい）
芽には「頂芽優勢」という性質があり、枝の先端についた芽からは、勢いのある強い枝が長く伸びる。枝の途中から伸びる短い枝は、果実をつける結果枝になりやすい。

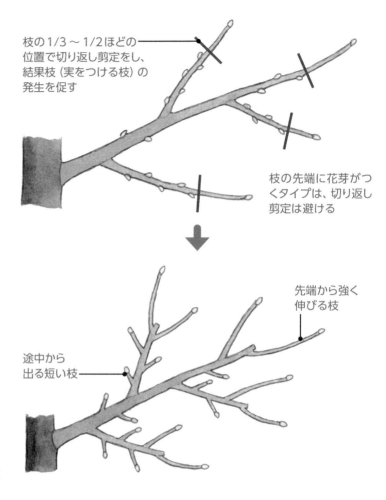

枝の1/3 ～ 1/2ほどの位置で切り返し剪定をし、結果枝（実をつける枝）の発生を促す

枝の先端に花芽がつくタイプは、切り返し剪定は避ける

先端から強く伸びる枝

途中から出る短い枝

枝の切り方

芽の上で切る
切り返し剪定は芽の上で切るのが基本。切る枝の切り口が芽よりも下にならないようにする。

○　　×

外芽で切る
外芽の上で切ると、翌年伸びる枝が樹冠の外側に向かう。

内芽で切る
内芽の上で切ると、樹冠の内部に向かって伸び不要枝になる。

外芽と内芽
芽には、枝の外側につく外芽と、内側につく内芽がある。通常は外芽で切るようにする。

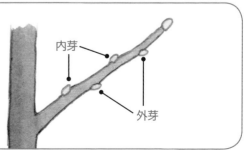

内芽

外芽

切り返し剪定の強弱

切り返し剪定では、強い剪定、弱い剪定といった表現があり、これは枝を切る際の深さを意味します。枝先を長く切り取る深い剪定を「強剪定」といい、反対に短く枝先だけを切り取る浅い剪定を「弱剪定」といいます。

強剪定のあとは勢いのある新梢が伸びや

強剪定のあとは勢いの強い枝が長く伸び、弱剪定では勢いの弱い短い枝が出ます

すくなり、弱剪定のあとは短い新梢がたくさん出てきます。剪定の強弱は、生育の状況や剪定の目的に合わせて調整するようにしましょう。弱剪定の枝と強剪定の枝を組み合わせることで、木全体にメリハリをつけることができます。

強剪定

枝を深く切る剪定。勢いが弱く花芽がほとんどつかなくなった枝は、強剪定することで、翌年に勢いのよい新梢を出すことができる。ブドウやキウイフルーツのように、徒長枝にも花芽がつく種類に向いている。

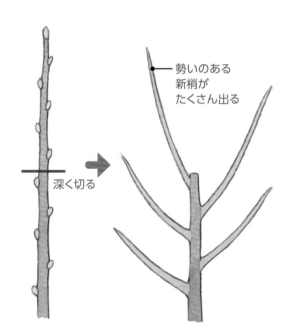

勢いのある
新梢が
たくさん出る

深く切る

弱剪定

浅い剪定では、枝に芽がたくさん残る。たくさんの芽に養分が分散されるため、新梢の伸びる勢いが弱くなり、短い枝が多くなる。ウメやサクランボ、カキなど短い枝に花芽がつく種類に向いている。

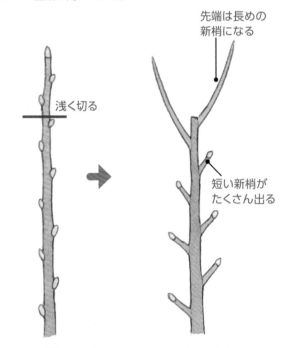

先端は長めの
新梢になる

浅く切る

短い新梢が
たくさん出る

メリット

深く剪定すると残された芽が少なくなりますが、養分が集中して強く長い新梢が発生します。全体の骨格を作るしっかりした枝を育てたいときや、樹勢を回復させたいときに行います。

デメリット

芽が減ることに加え、勢いのある枝に養分が取られるため花つきが悪くなり、全般に収穫量が減る傾向になります。

メリット

弱剪定の枝には翌年、短い新梢が出ます。枝の伸びが早く止まると、葉数が増えて光合成が盛んになります。短い枝は養分もたくさん蓄えられるので、花芽がつきやすく実つきもよくなります。

デメリット

短い枝でも枝葉が多くなると、日当たりや風通しが悪くなってきます。老木の場合は樹勢が衰えてしまうこともあります。

🪴 花芽のつき方で異なる剪定のコツ

　果実を実らせるには花を咲かせることが必要です。そのため、剪定の際はできるだけ花芽を落とさないようにすることがポイントになってきます。

　果樹が花芽を形成し実をつける生育過程の性質を「結果習性」といいますが、結果習性は果樹によって異なります。つまり、花芽の種類、花芽をつける枝、花芽のつく位置などは果樹ごとに違うということです ➡P40 。

　結果習性のタイプは、大きく5つに分けることができます。栽培している果樹の結果習性タイプを知り、花芽を切り落とさないようにして、花や実をしっかりつけさせるようにしましょう。

タイプ1 前年枝の頂芽に純正花芽がつく

前年に新しく伸びた枝の先のほうに、純正花芽が作られる。

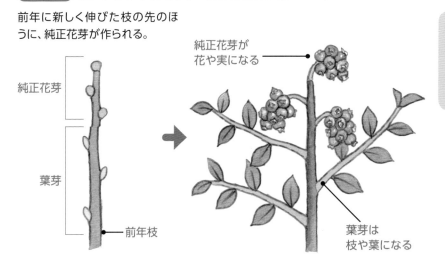

純正花芽が花や実になる

純正花芽

葉芽

前年枝

葉芽は枝や葉になる

剪定ポイント
枝の先のほうを切らないように切り返し剪定は避け、不要枝や混み合った部分の間引き剪定を中心に行う。

おもな果樹
● ビワ ● ブルーベリー　など

タイプ2 前年枝の腋芽に純正花芽がつく

前年に新しく伸びた枝の中間に、純正花芽が作られる。

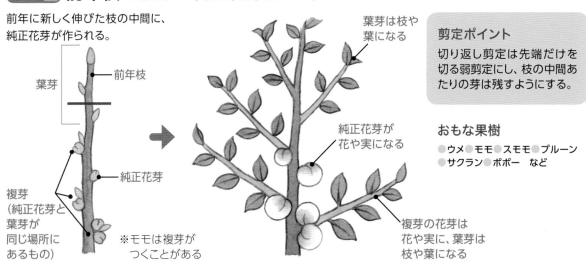

葉芽

前年枝

複芽
（純正花芽と葉芽が同じ場所にあるもの）

純正花芽

※モモは複芽がつくことがある

葉芽は枝や葉になる

純正花芽が花や実になる

複芽の花芽は花や実に、葉芽は枝や葉になる

剪定ポイント
切り返し剪定は先端だけを切る弱剪定にし、枝の中間あたりの芽は残すようにする。

おもな果樹
● ウメ ● モモ ● スモモ ● プルーン
● サクラン ● ポポー　など

タイプ3 前年枝の頂芽に混合花芽がつく

前年枝の先のほうから伸びた新梢に、混合花芽が作られる。混合花芽から枝葉が伸び、花と実がつく。

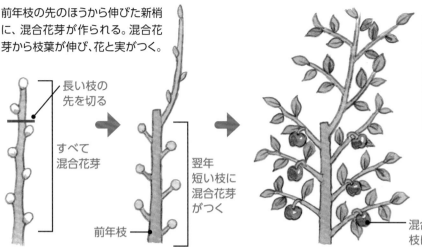

長い枝の先を切る

すべて混合花芽

前年枝

翌年短い枝に混合花芽がつく

混合花芽から伸びた枝に花や実がつく

剪定ポイント
長い新梢の先端だけを切り、翌年に短い枝をたくさん出させる。花芽のついた前年枝は、できるだけ切らず、不要枝や混み合った部分の間引き剪定を中心に行う。

おもな果樹
●ナシ ●西洋ナシ ●リンゴ
●ジューンベリー　など

タイプ4 前年枝の腋芽に混合花芽がつく

混合花芽

前年枝

混合花芽

混合花芽

混合花芽から伸びた枝に花や実がつく

前年枝の中間から根元に、混合花芽が作られる。混合花芽から枝葉が伸び、花と実がつく。

剪定ポイント
前年枝を短く切り返しても、残った混合花芽から新梢が伸びて花と実をつけるので問題ない。

おもな果樹
●キウイフルーツ ●いちじく
●ブドウ　など

タイプ5 前年枝の頂芽と腋芽に混合花芽がつく

前年枝の先端や中間に、混合花芽が作られる。混合花芽から枝葉が伸び、花と実がつく。

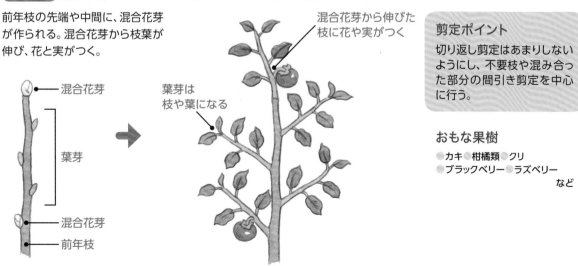

混合花芽から伸びた枝に花や実がつく

混合花芽

葉芽

混合花芽

前年枝

葉芽は枝や葉になる

剪定ポイント
切り返し剪定はあまりしないようにし、不要枝や混み合った部分の間引き剪定を中心に行う。

おもな果樹
●カキ ●柑橘類 ●クリ
●ブラックベリー ●ラズベリー
　　　　　　　　　　　　　など

肥料と水やり

植物の生長に必要な栄養素や水分は土の中にも存在しますが、天候や栽培環境によって不足することもあります。施肥や水やりで的確に補いましょう。

🪴 植物に必要な三大栄養素

植物の生長にはさまざまな栄養素が必要です。とくに欠かせないのは「三大栄養素」と呼ばれるチッ素、リン酸、カリウムで、植物の生育や開花、結実に影響を与えます。土壌中にも存在しますが、肥料として補ってやることで、樹木の生長を助け、おいしい果実を実らせることができます。

マグネシウムやカルシウム、微量栄養素としてのミネラルなどは、土壌中から供給されるものでほとんどまかなうことができます。

チッ素（N）
「葉肥」とも呼ばれ、幹や枝葉などの生長を促す栄養素。過剰になると枝葉ばかりが生長し、花がつきにくくなる。

リン酸（P）
「花肥」「実肥」とも呼ばれ、花芽の生育、実つき、根の充実を助ける栄養素。土中では吸収されにくいことがあるので、元肥として与えると効果的。

NPKの表示
市販の肥料は三大栄養素を「N・P・K」で表示しています。たとえば、「N：P：K＝8：10：9」や「8-10-9」という表示は、チッ素：リン酸：カリウムが8：10：9の割合で配合されているという意味です。

カリウム（K）
「根肥」とも呼ばれ、根を充実させ開花を促し、果実を太らせる栄養素。

肥料の種類

有機質肥料
油かす、発酵鶏糞、肉骨粉など有機物をそのまま、あるいは発酵させたり蒸したりしたものを原料とした肥料。一般に、地中でゆっくり分解して長く効く「遅効性肥料」のひとつ。においが強いものだとハエなどが集まりやすくなることがある。

効き方
微生物の力で分解がすすみ、分解された養分が根から吸収されて、ゆっくりと効果があらわれる。

使い方
おもに元肥として使うことが多い。

有機質肥料はそれぞれに含まれる栄養素が違う。市販品には、果樹用に配合されたものがあるので、表示されている成分を参考にして使うとよい。

🪴 肥料を与えるタイミング

果樹に与える肥料はおもに、芽が動き出すころに与える「元肥（もとごえ）」、生育中に与える「追肥（ついひ）」、果実の収穫後に与える「礼肥（れいごえ）」の3つがあります。

肥料は果樹の生長を促すものですが、与えすぎると生育を妨げることもあります。肥料の注意書きなどを確認し、適した時期に適量を施すようにしましょう。

礼肥（秋肥）（れいごえ・あきごえ）
果実を収穫した後に与える肥料。果実を実らせると樹勢が衰えるが、礼肥で衰えを回復させ、果実のために使われた栄養を補う。

時期と種類
9〜10月ごろに、光合成を促すために速効性の化成肥料を施すが、与えすぎると寒さの被害を受けやすくなるので注意する。若い木では三大栄養素を同じ割合で与える。落葉樹は9月ごろ、柑橘類でも11月までに済ませる。

元肥（もとごえ）
春から初夏にかけて生長する枝や葉、花芽のための与える肥料。苗木の植えつけ時や、休眠が空けて芽が動き始める前に施す。

時期と種類
年間で与える肥料の70〜80％を、12〜1月に1回、3月中に1回と2度に分けて与える。1回目はチッ素、リン酸の多い有機質肥料を、2回目は即効性のある化成肥料を与えるとよい。チッ素肥料が多いと徒長枝が多く出て、枝や葉の充実が遅れるので注意する。

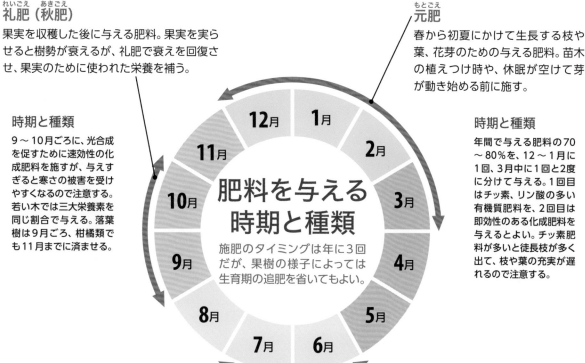

肥料を与える時期と種類

施肥のタイミングは年に3回だが、果樹の様子によっては生育期の追肥を省いてもよい。

12月 1月 2月 3月 4月 5月 6月 7月 8月 9月 10月 11月

追肥（夏肥）（ついひ・なつごえ）
生育期に与える肥料。木の生長を見ながら、枝葉の生育が弱かったり、花芽の発生が遅れていたりするときに施す。果実の収穫後に与える礼肥と重なるときは省く。

時期と種類
6〜7月ごろに速効性の化成肥料を与える。チッ素は少なめにし、根や果実の充実を促すカリウム（カリ）を中心に施す。元肥で十分足りているときは、あえて追肥をする必要ない。

化学肥料
化学的に合成した、あるいは特定の成分だけを取り出した肥料。複数の成分をバランスよく含むものを化成肥料という。固形や液体などがあり、形状によって「緩効性」と「速効性」がある。

効き方
有機質に比べると効き目は早い。固形タイプは効果がややゆっくりの緩効性。粉状や粒状は固形よりも効き目が早い。液体タイプは速効性が多い。

使い方
固形は元肥、粉状や粒状は元肥や追肥、液体は追肥に使う。

化成肥料は目的に合う栄養素を選びやすく便利だが、与えすぎてしまう傾向がある。与えすぎると地中内の有機物が減って土壌が悪化し、根を傷める原因になる。

肥料の与え方

庭植えの場合

植えつけ時に有機質肥料と熔成リン肥（リン酸とマグネシウムなどが混合された化成肥料）を元肥として施す。熔成リン肥は水に溶けにくく地中でゆっくりと分解し、酸性の土壌を中和する効果もある。植えつけ後は、育ち具合を見ながら不足している養分を追肥として与える。与えすぎると徒長枝が多く出やすいので注意を。

元肥

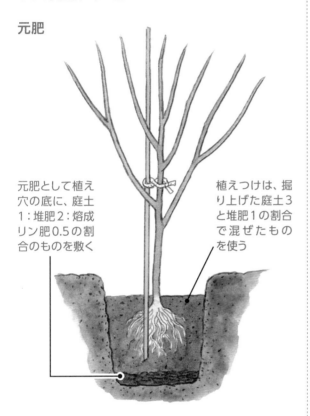

元肥として植え穴の底に、庭土1：堆肥2：熔成リン肥0.5の割合のものを敷く

植えつけは、掘り上げた庭土3と堆肥1の割合で混ぜたものを使う

追肥・礼肥

枝葉の先端（樹冠）を目安にして、その下に穴や溝を掘って肥料を入れ、上から土をかぶせる

鉢植えの場合

鉢植えの生育期には、ほとんど毎日水やりが必要なため、肥料分も水といっしょに流れてしまう。葉の色や枝の太り具合、花のつき方などを見ながら、少量ずつ定期的に追肥を。

元肥

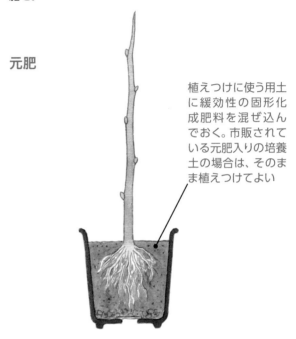

植えつけに使う用土に緩効性の固形化成肥料を混ぜ込んでおく。市販されている元肥入りの培養土の場合は、そのまま植えつけてよい

追肥

液体肥料を説明書の指示通りに水でうすめ、水やりと同じように撒く。4〜5月は10日に1回、6月は月1回程度を目安に与える

固形の化成肥料の場合は、鉢土の上にばらまくように与える。有機質肥料の場合は、鉢土の表面を浅く削って肥料を置き土をかぶせておくと、虫がよってくるのを防げる。

樹木の年齢と肥料の量

植えつけから5年目程度	6〜25年程度	樹種にもよるが25年以上
幼木期	成木期	老木期

チッ素成分が多いと枝葉が茂りすぎたりして、いつまでも実がつかない状態になりがち。腐葉土や石灰を中心に使って、適した土になるように土作りに力を入れる。

果樹も生長をつづけながら実をならせる時期。木が大きくなるのに合わせて、肥料の量も増やし、根や実の生育に欠かせないカリウムなどは肥料切れにならないようにする。

養分の貯蔵能力がだんだん衰えてくる時期。肥料も何回かに分けて少量ずつ追肥するほうが、果樹へのダメージが少なくなる。

水やりのしかた

庭植えの果樹はそれほど気にする必要はないですが、鉢植えは1年を通して水やりが必要です。たっぷり水を与えることで、鉢内に新鮮な水分や酸素が送り込まれ根が元気になります。ただし、やりすぎは根腐れの原因にもなります。土を乾かすことも大切です。

庭植え	鉢・コンテナ植え	外出時

庭植えの場合は、根が地中深くまで伸びているので、基本的に水やりの必要はないが、夏に長期間雨が降らず、乾燥しているときはホースなどで水をやる。幹や株の近くだけでなく、周囲にもたっぷりと与える。

表土が乾いているのを確認してから与える。朝か遅くとも午前中のうちにやるのが基本だが、夏は気温が上がる前の早朝に行う。暑さで乾きが早い場合は、夕方にも行う。夏の日中、冬の夜間の水やりは避ける。

鉢植え果樹を育てていて数日家を留守にするようなときは、鉢底から給水できるようにして置くとよい。浅いバットに水を張り、そこに鉢を置いておく。

地面が水浸しの状態が長く続くのはNG。水はけが悪い場合は樹幹の下を目安にして30cm程度の深さで円状に穴を掘って土壌改良（土作り）を行う➡P19。

鉢底から水が流れ出るまでたっぷりやる。木が休眠している厳冬期にも水やりは必要。

数日間水がついたままだと根腐れを起こすので、バットに入れる水は、家に戻るころになくなっている程度にしておくのがよい。

病害虫への対処法

病害虫は日々の観察で早めに発見しましょう。果実をおいしく安全に食べるためにも、薬剤などはできるだけ使わないようにしたいものです。

🌱 病害虫を予防するポイント

1 株内の風通しと日当たりを保つ

風通しの悪い高温多湿の環境は、病気のもととなるカビの発生につながります。枝が混み合うところは間引き剪定 ➡P43 で、葉が茂っても内部まで風や日の光が入るようにしましょう。

2 日々の観察で早期に発見する

葉色の変化や害虫の食害痕がないか、卵や幼虫がいないか、日ごろから観察しましょう。見つけたらすぐに対処します。枯れ葉や落ち葉には病原菌が潜んでいることがあるので、放置せず取り除きます。

3 マルチングで土からの感染を防ぐ

土も病気の感染経路のひとつ。病原菌を含んだ泥がはねたり、流れてくる雨水が病原菌を運んできたりすることもあります。株元にワラやバークチップを敷き、泥はねを防ぐことで病気の感染を防げます。

4 刃物は消毒し、切り口には癒合剤を

病気をもつ植物を切ると、刃にウイルスが付着することがあります。用具は清潔を保ち、とくに刃物類は使用後に水で洗い消毒しておきましょう。太い枝の切り口は癒合剤 ➡P37 を塗って保護します。

5 肥料や水のやりすぎに注意

肥料は適切な量で効果を発揮します。とくにチッ素肥料をやりすぎると木が軟弱になり、病害虫が発生しやすくなります。鉢植えでは水のやりすぎで根腐れが起きないよう注意します。

6 果実は袋をかけて防御する

ブドウやサクランボなどのように雨で実が割れやすいものや、害虫の食害にあいやすいものは果実に袋をかけて予防しましょう。鳥の食害や日焼けにも効果的です。

薬剤のタイプと選び方

　家庭栽培ではできるだけ薬剤使用を避けたいものですが、病害虫の被害で収穫できなくなるのは残念なこと。被害が出る前の最低限の予防や、発生初期の散布なら1年を通しての散布量を最小限に抑えられます。無農薬にこだわりすぎず上手につき合いましょう。

　薬剤には、病気を防除する「殺菌剤」、害虫を防除する「殺虫剤」、両方に効果のある「殺虫殺菌剤」などがあります。果樹と病害虫の種類によって使える薬剤が決まっていますので、予防や被害に合わせて適切なものを選ぶことが大切です。

薬剤を使うとき

ラベルの確認
安全に使うために、散布する果樹に適用した登録農薬かどうか、使用容量、使用方法などラベルに書いてあることを必ず確認する。家庭栽培の果樹でも、適用以外の薬剤を使用すると、農薬取締法違反で罰則対象となる。

使用量や希釈倍数は正しく使わないと効果が薄れ、逆に、病害虫に耐性をつけてしまうことになる。

散布のしかた
風が弱い朝夕の涼しい時間帯に行う。散布時は、帽子、保護メガネ、マスク、手袋、長靴、長袖・長ズボンを着用し、薬剤が皮膚につかないようにする。

効果を出すために、表側だけでなく葉裏にもムラなく散布する。

ここもポイント
生理障害について

　果樹栽培では、病害虫の被害以外でも障害が起こることがあります。養分、水分、日照の過不足や気温や気候の変化などが要因となる「生理障害」です。変色、裂果、落果など症状はさまざまですが、病害虫と見分けがつきにくいことがあります。

　全体的に生育が悪かったり、葉色が変わってきたりしたら、管理の仕方を見直して、少しのあいだ様子をみてみましょう。

日照不足で起こるナシの裂果。イチジク、ウメ、モモ、サクランボなど雨に濡れることで裂果するものも多い。

病害虫の被害例

赤星病（あかほし）
ナシの葉表に出た赤褐色の斑点と葉裏の突起。リンゴなどの果実にも発生しやすい。

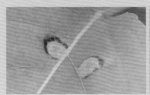

縮葉病（しゅくよう）
表面がふくらみながら全体が縮れる。下はウメの葉。

黒星病（くろほし）
ウメ、モモ、リンゴ、ナシなどの果実にも出る。

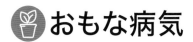
おもな病気

病気は多湿状態で発症することが多いので、混み合った枝は間引きしておきましょう。

病気が発生した部位はすみやかに取り除き、感染拡大を防ぎます。

病名	注意したい果樹	発生時期	症状	対処法
赤星病（あかほし）	ナシ、リンゴなど	4～6月	葉表は赤褐色の斑点、葉裏に淡黄色の突起が出る。病斑部はやがて黒褐色になり落葉する。	ビャクシン類の樹木から感染するので、庭にビャクシン類がある場合は春先に防除を行う。
うどんこ病	ウメ、ブドウ、リンゴ、モモなど	3～6月	葉や果実が白く粉を吹いた状態になり、やがて橙色から黒に変わる。光合成が阻害され、葉や茎が変形したり果実の品質や収穫量が悪くなる。	剪定で日当たりや風通しをよくする。原因となる菌は落ち葉で越冬するので除去し、マルチングで土壌からの跳ね返りを防ぐ。チッ素肥料は控えめに。
疫病（えき）	イチジク、りんごなど	6～9月	高音多湿で発生。果実には暗緑色～暗紫色の病斑が発生し、白カビができて腐る。葉には黒褐色の斑点が生じる。苗木の主幹が枯死することも。	発生部分は取り除き処分。土壌の排水性を高めるため堆肥や腐葉土を加え、マルチングで土壌からの跳ね返りを防ぐ。風通しをよくする。
かいよう病	柑橘類、キウイフルーツなど	5～6月	葉や枝に縁が黄色い赤褐色の斑点が発生し、表面がでこぼことざらつく。柑橘類は果実にも発生する。	すり傷から感染しやすいので強風に当てない。ミカンハモグリガの媒介も多いので防除を。チッ素肥料は控えめに。
褐色せん孔病（かっしょく・こう）	サクランボ（オウトウ）	7～9月	葉に紫色の小さな斑点ができ、褐色の円形に広がる。落葉し、樹勢を弱める。	感染葉を放置すると、その中で病原菌が越冬し新しい感染をうむ。落ち葉は焼却処分する。
黒星病（くろほし）	ウメ、モモ、リンゴ、ナシなど	5～7月	梅雨時の低温で発生しやすい。枝葉や果実に暗褐色の斑点ができ、広がると黒い病斑となる。	発生した枝や葉はすぐ除去し焼却する。ふだんから風通しと日当たりをよくしておく。チッ素肥料は控えめにする。
黒点病（こくてん）	柑橘類	夏～秋	枝、葉、果実に黒い斑点ができ、果実は果皮全体が赤褐色になる。梅雨時に発生しやすい。	病原菌は枯れ枝で越冬するため、見つけたら処分する。剪定で日当たりをよくしておく。
黒とう病（こく）	ブドウ	4～7月	新梢、若葉、幼果に発症し、黒褐色の小さな斑点がしだいに広がっていく。梅雨時に発生しやすい。	枝や巻きひげの病斑で越冬するので、症状が出た枝は取り除いて処分。長雨の時期は雨よけを。
縮葉病（しゅくよう）	ウメ、モモなど	4～5月	新芽が伸び出すころの低温で発生。若葉が赤く変色してちぢれ、やがて火ぶくれ状になる。病斑は拡大すると白カビで覆われて落葉する。	菌が枝葉の表面で越冬して新芽に感染するため、落葉期の新芽が伸び出す直前に、樹木全体を洗うように石灰硫黄合剤を与えて防除を。
梢枯病（しょうこ）	オリーブ	5～10月	枝の先端が赤色や灰色になって枯れ、黒い小さな斑点ができる。葉は黄色し円形の斑点ができて、枯れる。炭疽病を併発することも。	枯死した部分の2～3cm程度下から切り取り処分。切り口に殺菌剤を塗る。剪定して日当たりと通気をよくする。チッ素肥料は控えめに。
すす病	柑橘類	周年	葉、枝、果実が黒いすすを塗ったようになる。光合成が阻害され樹勢が落ちる。見た目は悪くなるが味に影響はない。	カイガラムシやアブラムシなどの排泄物に雑菌が生じて繁殖する。剪定で込み入った枝を除き、害虫を駆除する。

黒点病（こくてん）
柑橘類の果実に広がる黒斑。全体が赤褐色になる。

ベト病
ブドウのベト病。葉表は黄斑点、葉裏は白カビに。果実にも広がる。

灰星病（はいほし）
モモに発症した灰星病。リンゴやサクランボにも注意。

病名	対象	時期	症状	対処法
そうか病	イチジク、柑橘類など	5～10月	果実に灰褐色の斑点が発生し、かさぶたのような突起になる。新梢や若葉では褐色の丸い斑点があらわれて、変形して落葉する。若木に多い。	葉や枝の病斑部で菌が越冬するため、病気の被害にあった葉や枝、果実は切り取って処分する。
炭疽病	カキ、クリ、オリーブなど	5～10月	果実に黒い斑点ができ、楕円形に広がり落下する。新梢に発生すると、縦に亀裂が入り先端が枯れる。葉脈と葉柄にも黒い病斑ができる。	剪定で日当たりと通気をよくする。枯れ枝や発症枝は切り取って処分。チッ素肥料は控えめに。
胴枯病	イチジク、カキ、ナシなど	6～10月	樹皮に赤褐色の病斑が発生し、やがて表面に小さな突起が出てざらざらする。枝や幹に病斑が広がると、発生部より先が枯れる。	土壌の排水性を高め、幹や枝を傷つける害虫は捕殺する。太い枝を切ったら、必ず切り口に癒合剤を塗り病原菌の侵入を防ぐ。
灰色かび病	キウイフルーツ、ブラックベリー、ラズベリーなど	6～7月	花びらや葉に褐色の病斑ができ、やがて腐敗して枯れる。キウイフルーツでは果実の貯蔵中に発病することもあり、軟化して腐る。	剪定で風通しをよくする。カビに感染した花びらから拡大することが多いため、花ちた花弁は取り除く。雨で果実が濡れているときには収穫しない。
灰斑病	ビワ	夏～秋	葉にできた斑点が淡黄色から灰白色になり、病斑が拡大すると落葉する。果実は感染部が黒く変色し、軟化して腐る。	前年の病斑や落ち葉で越冬するので処分する。剪定で混んでいる枝を除き、日当たりと風通しをよくする。
灰星病	サクランボ、モモ、リンゴなど	5～7月	成熟間際の果実に褐色の斑点ができ、全体に灰色のカビに覆われ腐敗する。花や枝にも生じて枯死する。長雨で発症しやすい。	開花期と成熟期に雨よけを行う。発病した果実、発病果のついた枝は切り取り処分。病果に触れたら手を洗い消毒する。
バルデンシア葉枯病	ブルーベリー	5～7月	葉に褐色の斑点ができ、やがて輪紋状に広がって落葉。病斑の中央に黒褐色の突起物がある。地際に近い若い葉から発症する。	湿度が高い時期にひこばえから発症しやすいので、不要な新梢は早めに切り取る。落ち葉や下草も取り除き、剪定で風通しをよくする。
斑点病	ブルーベリー	5～10月	葉に灰褐色の斑点ができ、やがて周囲が褐色の輪紋状に拡大して落葉する。多発すると樹勢が弱まって、果実の生長に影響する。	病原菌は落ち葉や枯れ枝で越冬するので、見つけたら処分する。枝が混み合うと発生しやすいので剪定で枝を間引く。
ベト病	ブドウ	夏～秋	葉に淡黄色の斑点が発生し、病斑の裏面に白カビが生じ落葉。幼果は褐色の病斑が広がる。梅雨時に発症しやすい。	発症した新梢や幼果房は取り除く。落ち葉で菌が越冬するので処分する。チッ素肥料は控えめにする。
落葉病	カキ、リンゴなど	6～9月	葉が褐色に変色後、黒っぽくなって落葉する。多発すると未熟果も落ちる。雨が降るなど多湿になると、淡褐色の胞子嚢が確認できる。	落ち葉で菌が越冬するので、そのままにせず焼却処分する。樹勢が弱まると発生しやすいので、堆肥や肥料を加え土壌を改良する。
輪紋病	ナシ	7～9月	枝に丸く柔らかいイボができ、果実には同心円状の病斑ができて果皮がへこむ。高温時の長雨で発生しやすい。収穫後に病斑が広がることも。	イボと周囲の樹皮を削り取って処分するか、多発している場合は枝ごと切り取る。果実は袋かけで感染を防ぐ。

黒とう病

黒い斑点が広がる黒とう病。
ブドウの若葉、新梢、幼果などに発生する。

すす病

柑橘類のすす病。枝や葉に黒いすすのようなものがつく。
果実にも発生するが味に影響はない。

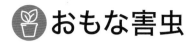 おもな害虫

害虫は害虫そのものによる被害だけではなく、害虫の被害部分から病気を誘発することもあります。卵や幼虫など早い段階で防御するのがポイントになります。

害虫名	注意したい果樹	発生時期	症状	対処法
アゲハ類	柑橘類	3〜10月	イモムシ状の幼虫が葉の縁から食害する。成長するにつれ次々に食害し、主脈だけを残して食べ尽くす。	見つけたら捕殺する。成虫が飛来して新梢に産卵するので、新梢の時期はよく観察しておく。
アザミウマ類	カキ、柑橘類、ブドウなど	4〜7月	幼虫は新葉を、成虫は果実を吸汁し樹を衰弱させる。葉は萎縮して内巻きになり、果実にはリング状の黒や褐色の斑点があらわれる。	成虫は樹皮で越冬するので、見つけたら削って処分。マツやスギの樹皮にもいて越冬するのでそれも探して処分。巻いている葉も除去する。
アブラムシ類	多くの種類	4〜6月	新梢や若葉に寄生し、吸汁する。吸汁された葉は萎縮して巻き込み、光合成が阻害され生育に影響が出る。すす病を誘発することも。	剪定で日当たりと通気をよくする。一気に大量発生しやすいので、見つけたら強い水流の水で洗い流すかブラシでこすり取る。
アメリカシロヒトリ	サクランボ	6〜8月	若齢の幼虫が集団発生し、葉脈だけを残して葉を食害する。やがて分散した幼虫は樹全体の葉を食べ尽くす。	成虫の発生期に卵のある葉を処分する。若齢幼虫が発生したら枝ごと切り取り処分する。
イラガ類	ウメ、カキ、ブルーベリーなど	6〜10月	毒毛をもつ幼虫が葉を食害。若齢時は集団で葉の裏面だけ食べ、成長すると分散し葉を全体的に食べる。	幹の地際部に作る繭を冬に取り除くか、葉裏の卵塊を春に取り除く。幼虫を見つけたら補殺。死骸にも毒が残るので素手で触らない。
オリーブアナアキゾウムシ	オリーブ	3〜11月	樹皮の地面に近いところに卵を生み、幼虫が土壌から樹木の内部に食い入り幹の中で成長する。多発して樹が弱ると、枯死することも。	木くずやフンを見つけたら、侵入口を探し、穴に針金などを入れて刺殺。夜行性の成虫は雑草に隠れるので除草する。
カイガラムシ類	多くの種類	春〜秋	白色や赤褐色の殻をつけ、枝や幹に固着して吸汁する。大量発生しやすい。落葉や枝枯れを起こし、すす病を誘発することも。	剪定で通気をよくする。見つけたらブラシなどで直接こすり落とすか、被害にあった枝ごと切り落とす。
カキノヘタムシガ	カキ	6〜10月	幼虫が芽や果実を食害する。実がヘタから取れて落果する前に別の実に移動することで、被害が拡大する。	12〜2月に粗皮削りをし、樹皮内の幼虫ごと処分。または秋に主幹にコモ（むしろ）を巻いておびきよせ、春前にコモごと焼却する。
カミキリムシ類	イチジク、クリ、柑橘類、ブドウなど	5〜9月	樹の幹に産卵し、幼虫が幹や枝の内部を食害する。侵入した穴からはオガクズのようなフンが出る。成虫になると樹皮をかじる。	産卵した箇所を見つけたら潰して除去。フンが出ている穴に針金など入れて幼虫を刺殺。成虫は見つけたら捕殺する。

カイガラムシ類
白粉状のものがひと塊になり粒のように見える。右はロウ状の殻に覆われたイセリアカイガラムシ。柑橘類に多い。

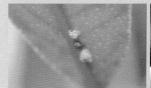

アブラムシ類
クリの枝に発生するクリオオアブラムシ。

ダニ類
ダニが作る虫こぶ。こぶの中にダニが生息する。

名称	対象	時期	被害・特徴	対処法
カメムシ類	カキ、柑橘類、ブルーベリー、ナシ、リンゴ、モモなど	5〜9月	幼虫、成虫が新芽や果実を吸汁する。果実は吸汁されると変形し、スポンジ化して食味が落ちる。マツ、サクラ、ケヤキなどから飛来する。	見つけしだい捕殺する。網目が15mm以下の防虫ネットで株全体を覆う。成虫は雑草や落ち葉で越冬するので、除草や落ち葉の処分をする。
クリタマバチ	クリ	6〜7月	幼虫が新芽の内部に寄生して虫こぶを作る。芽は枝葉が伸びず、開花や結実が阻害される。	適切な剪定と施肥で樹勢を保ち、樹を丈夫に育てる。虫こぶは取り除く。
ケムシ類	ウメ、クリ、ビワ、リンゴなど	6〜9月	幼虫は小枝の別れ目に大量の糸を吐いて白いテント状の巣を張る。成熟した幼虫は葉を食害する。	卵のかたまりや巣を見つけたら取り除く。大きくなると薬剤が効きにくいので、幼虫の早期に防除。刺すケムシもいるので要注意。
コウモリガ	ブラックベリー、ラズベリー、オリーブ、フェイジョアなど	6〜10月	幼虫が地面に近い樹皮をリング状に食べながら幹の芯まで侵入し、樹が弱ったり枯れたりする。侵入部には木くずとフンの塊ができる。	株元の雑草が卵の越冬場所になり、幼虫のエサにもなるので、除草。フンの塊は除去し、侵入した穴に針金を入れて刺殺する。
コガネムシ類	ブドウ、ブルーベリーなど	春〜秋	成虫が葉脈を残して網目状に葉を食害する。鉢栽培では幼虫が根を食害する。	周囲の果樹や野菜、草花も食害されるので合わせて防除し、見つけしだい捕殺。樹冠下が暗いと多発するので剪定で光を入れる。
コスカシバ	ウメ、モモ、サクランボ、ブドウなど	6〜9月	幼虫が樹皮の下を食害し、食い入った場所からフンや樹脂が流れ出る。大量発生すると枯れる。	剪定や堆肥で樹勢を維持する。11月ごろに食入部付近を木づちなどでたたいて樹皮下の幼虫を圧殺する。
ハダニ類	柑橘類、ブラックベリー、ラズベリーなど	3〜10月	幼虫、成虫とも葉や実を吸汁し、葉は全体が白っぽいかすり状になり落葉する。光合成が阻害されて新梢の伸びが悪くなる。	高温多湿を好むので、間引き剪定で風通しをよくし、熱がこもらないようにする。葉裏に水をかけて駆除する。
ハマキムシ類	サクランボ、ブルーベリー、リンゴ、ナシ、ザクロ、フェイジョアなど	5〜9月	幼虫が新梢や葉を糸でつづり合わせ巻き込み、その中に潜んで食害する。果実も食害する。さまざまな落葉樹を食害する。	被害葉は処分する。葉を巻き込んでしまうと薬剤が届かないので、春に卵が孵化したばかりのころに薬剤を散布する。周辺樹木にも散布を。
ブドウスカシバ	ブドウ	5〜6月	幼虫がつるの先端から侵入し、食害で中を空洞にする。食入部は少し膨らむ。被害部分は翌春に枯れる。	被害枝は切り取り処分する。つるの中に幼虫を見つけたら捕殺。成虫が飛来する5月下旬に薬剤散布を。
ミカンハモグリガ	柑橘類	春〜秋	幼虫が若葉や新梢、果実の内部を食害して生育を妨げる。葉には白っぽく食害跡が残る。被害部からかいよう病が発生する。	被害を受けた枝葉は取り除く。新梢がだらだらと伸長していると発生しやすいので、チッ素肥料は控えめに。
シンクイムシ類	モモ、リンゴ、ナシなど	5〜9月	大きくなり始めた果実に幼虫が入り込んで食害する。新梢を食害する場合もある。	被害果はすぐに処分する。成虫が果実や葉に産卵する前に袋かけをする。粗皮削りで幼虫の越冬を防ぐ。
モモノゴマダラノメイガ	クリ、モモ、ナシ、ブドウなど	春〜秋	果実の表面に産卵し、孵化した幼虫が果実に小さな穴をあけ侵入し、食い荒らす。食入部から糸でつづられた白い大粒のフンを出す。	被害果はすぐに処分する。樹皮の割れ目で越冬するので、樹皮が荒れないように適切な施肥を行い、粗皮削りで越冬を防ぐ。

コガネムシ類
葉を食害するマメコガネの成虫。

アゲハ類
ナミアゲハの卵（左）と幼虫（右）。幼虫は葉を食害して生長を妨げるため、卵のうちに取り除くのがベスト。

ハモグリガ
幼虫の食害が白いスジ状の痕になる。柑橘類に多い。

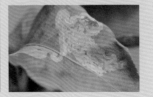

果樹のふやし方

果樹を育てることに慣れてきたら、今ある株から新しい苗をふやし育てるのも、楽しみ方のひとつです。果樹をふやす方法はいくつかあるので確認してみましょう。

果樹をふやす方法

果樹をふやすには、その果樹に適した方法を選び、その作業に適した時期に行うことが大切です。

ふやし方のなかでもっとも一般的なのが「接ぎ木」で、多くの果樹で行うことができます。「挿し木」は比較的簡単で、初心者にも挑戦しやすいのが魅力です。ほかに「株分け」「タネまき」などがあります。

なお、品種登録されている果樹は、ふやした苗を他人に譲渡することが法律で禁じられています。果樹の増殖は個人で楽しむようにしましょう。

接ぎ木

ふやしたい果樹の枝（穂木）の断面を別の果樹（台木）の断面と接着させ、ひとつの個体として育てていく方法。台木の幹の上部から切り込みを入れる「切り接ぎ」や、台木の幹の途中（腹部）に切り目を入れる「腹接ぎ」などいくつかのやり方がある。親木の性質を受けついだ苗を作れ、多くの果樹で行うことができる。

適期 3月▶▶4月　9月▶▶10月

接ぎ木に向く果樹
- ウメ
- カキ
- 柑橘類
- キウイフルーツ
- ビワ
- ブドウ
- リンゴ
- ナシ
- モモ
- クリ
- サクランボ　など

挿し木

ふやしたい果樹の枝（挿し穂）を土に挿して発根させる方法。休眠中に切った枝を用いる「休眠枝挿し」や、春の新梢を用いる「緑枝挿し」などがある。比較的簡単な作業で親木と同じ性質の苗を作れるが、果樹によって発根しにくいものがある。

適期 休眠枝挿し 4月　緑枝挿し 6月▶▶7月

挿し木に向く果樹
- イチジク
- キウイフルーツ
- ビワ
- ブドウ
- ブルーベリー
- オリーブ
- ザクロ
- フェイジョア　など

株分け

大きくなった株を複数に分割し、それぞれを新しい土に植えつけて育てる方法。おもに鉢栽培の果樹で行われ、ひこばえがよく発生する株立ち状のものが向いている。

適期 11月▶▶3月

株分けに向く果樹
- ブラックベリー
- ラズベリー　など

タネまき

タネまきはほとんどの果樹で、親とは異なる性質の雑種が発生するため一般的ではないが、柑橘類などは挑戦しやすい。タネのぬめりをしっかり取り、水で湿らせた培養土に指で穴を開け1粒ずつタネを入れる。タネの大きさの倍の土をかぶせて、発芽までは土を乾かさないようにする。

適期 4月▶▶5月

タネまきに向く果樹
- 柑橘類
- ポポー　など

🪴 接ぎ木

接ぎ木にはいくつか種類がありますが、ここで紹介するのは一般的な「切り接ぎ」です。台木や穂木は切った断面が平らでないと成功しにくいので、よく切れる清潔な刃物を使いましょう。

ここもポイント

接ぎ木のコツ

接ぎ木は、台木と穂木の形成層を密着させることが重要です。形成層は樹皮と木質部のあいだにある層です。

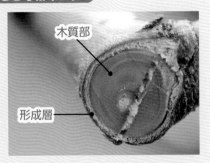

木質部

形成層

1 穂木を準備する

穂木は4〜6cmの長さで2〜3芽ついたものを用意する。まず穂木の下部を30〜45度の角度で斜めに切り落とし（A）、次に切り落とした部分と反対面の皮を木質部がわずかに見える程度に2〜3cmほどの長さに削ぎ落とす（B）。

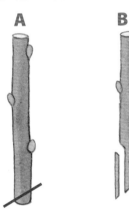

A　B

2 台木を準備する

台木は同じ種類の果樹で丈夫な品種のものを用意する。まずは地表から5〜7cmのところで水平に切り（A）、次に木質部がわずかにつく程度の厚さで、2〜3cmほどの長さの切り込みを上部から垂直に入れる（B）。

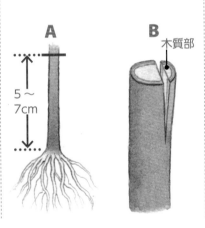

A　B

5〜7cm

木質部

3 台木に穂木を接ぐ

台木の切り口に穂木を差し込み、接ぎ木テープを巻いて固定する。台木と穂木の形成層を密着させ、形成層がずれず断面図が表に出ないようにしっかり接ぎ木とテープを巻く。

台木と穂木の形成層を密着させる

腹接ぎのやり方

腹接ぎは台木の上部から切り込みを入れるのではなく、幹の途中に切れ込みを入れて接ぐ方法。成功すれば、台木にした果樹も幹の途中で接いだ穂木も、両方育てることができるため、受粉樹が必要な果樹に行うと管理スペースを節約できる。右の写真は、上部を切り接ぎし、さらに腹接ぎも施したフィンガーライム。

上部はすでに切り接ぎをしてある

1 台木の幹の途中に、木質部が少し見えるように切れ込みを入れる。

2 穂木を形成層が接着するように台木の切り込みに差し込む。

3 接ぎ木テープを巻いてずれないように固定すれば完了。

🪴 挿し木

冬剪定で切った枝を使って行う挿し木「休眠枝挿し」をしてみましょう。切った枝は挿し木の適期まで、厚めのビニール袋に入れて密封し、冷蔵庫で保管しておきます。

1 枝を切り出す

冷蔵庫から出した枝を挿し穂用に切り出す。3～5芽つけて10～15cmの長さでカットしておく。

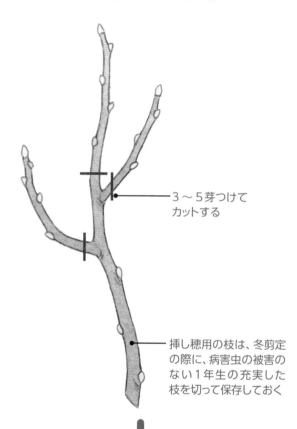

3～5芽つけて
カットする

挿し穂用の枝は、冬剪定の際に、病害虫の被害のない1年生の充実した枝を切って保存しておく

2 挿し穂を作る

切り出した枝の上部は、芽から2cmほどの位置を水平に切る。下部は芽から1cmほどの位置で斜めに切る。

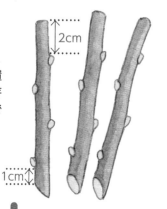

2cm

1cm

3 挿し穂を水につける

挿し穂は乾燥しているので、水につけて吸水させる。上部は切り口に癒合剤を塗っておく。

4 挿し穂を土に挿す

3号程度のポリポットに小粒の赤玉土を入れて土を湿らせ、挿し穂の3分の2程度が埋まるように挿す。土は市販の挿し木用の土でもよい。

発根し新芽が出てくるまで、風通しのよい半日陰で土が乾かないように管理する。

ここもポイント
挿し木が発芽したら

新芽が出てきたブルーベリーの挿し木です。ひとつのポットに複数の枝を挿していますが、そのまま芽が伸びてくるようなら、根も生長している証拠です。栽培用の鉢に1本ずつ植え替えましょう。挿し木してから3か月ほどが目安です。

2章

人気の
定番果樹

果樹にはさまざまな種類がありますが、

初心者でも育てやすく失敗の少ないのが定番果樹です。

本章では、人気のある定番果樹ごとに、植えつけから実を収穫するまでの管理作業、

収穫した果実の保存と活用法までを紹介しています。

それぞれの果樹の栽培のコツを知って、さまざまな果実を楽しみましょう。

栽培方法の解説のなかで ➕プラスワン のマークがついている管理は、
よりおいしい果実を実らせるために行うとよいお世話です。
果樹の状態をみて適宜行ってください。

果樹の栽培カレンダー

本書で紹介している果樹の栽培カレンダーを一覧にしました。各果樹の解説ページにもカレンダーはありますが、複数の果樹を栽培している人はそれぞれの果樹の年間サイクルを見比べながら作業を進めることができます。

凡例：植えつけ／枝の管理／花の管理／実の管理／収穫／施肥／病害虫

人気の定番果樹

果樹	ページ	1月	2月	3月	4月	5月	6月	7月	8月	9月	10月	11月	12月
イチジク	64			剪定				芽かき／摘果（夏果）	（夏果）		摘果（秋果）	（秋果）／礼肥	カミキリムシ
					元肥	疫病		追肥					
ウメ	72				開花・人工授粉／摘果			夏季剪定			冬季剪定		
				うどんこ病／ケムシ	元肥				黒星病／追肥			礼肥	
カキ	82			冬季剪定		摘蕾	人工授粉		摘果	夏季剪定		礼肥／カキノヘタムシガ	
					元肥			追肥					
ウンシュウミカン	98				剪定		摘蕾・摘花		摘果				
		アゲハ類・ハダニ類・カイガラムシ			元肥			追肥					
キンカン	104			開花・人工授粉／剪定						摘果			
				アゲハ類	元肥	追肥							
雑柑（アマナツ・ヒュウガナツ・オレンジ類など）	108				剪定		開花（人工授粉）		摘果（夏果）				
				アゲハ類	元肥		追肥				黒点病		
ユズ・カボス・スダチ	114				剪定		開花・人工授粉		摘果				
		すす病		カイガラムシ	元肥	追肥					黒点病		
レモン・ライム	120				剪定				摘果		開花・人工授粉		
		かいよう病		元肥／ハモグリガ		追肥					ハダニ類		
キウイフルーツ	126			冬季剪定			人工授粉／摘果		夏季剪定		冬季剪定		
					元肥		礼肥		カイガラムシ		礼肥		
ビワ	138	開花		摘果・袋かけ				剪定		開花／摘房			
				元肥／がん腫病			礼肥		チョッキリムシ				

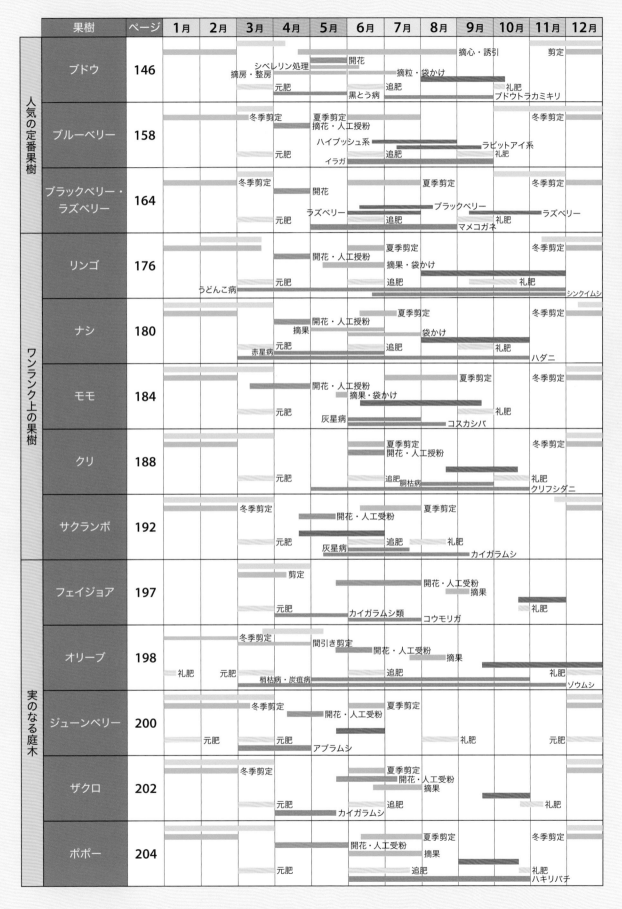

果樹	ページ	1月	2月	3月	4月	5月	6月	7月	8月	9月	10月	11月	12月
人気の定番果樹 ブドウ	146			シベレリン処理／摘房・整房／元肥		開花	黒とう病	摘心・誘引／摘粒・袋かけ／追肥			礼肥／ブドウトラカミキリ	剪定	
ブルーベリー	158			冬季剪定／元肥		夏季剪定／摘果・人工授粉／ハイブッシュ系／イラガ		追肥		ラビットアイ系／礼肥		冬季剪定	
ブラックベリー・ラズベリー	164			冬季剪定／元肥		開花／ラズベリー		ブラックベリー／追肥／マメコガネ			礼肥／ラズベリー	冬季剪定	
ワンランク上の果樹 リンゴ	176		うどんこ病	元肥		開花・人工授粉		夏季剪定／摘果・袋かけ／追肥			礼肥	冬季剪定	シンクイムシ
ナシ	180			赤星病／元肥	摘果	開花・人工授粉		夏季剪定／追肥	袋かけ		礼肥／ハダニ	冬季剪定	
モモ	184			元肥／灰星病		開花・人工授粉／摘果・袋かけ			夏季剪定／コスカシバ		礼肥	冬季剪定	
クリ	188			元肥				夏季剪定／開花・人工授粉／追肥／胴枯病			礼肥／クリフシダニ	冬季剪定	
サクランボ	192			冬季剪定／元肥	灰星病	開花・人工受粉		夏季剪定／追肥		礼肥／カイガラムシ			
実のなる庭木 フェイジョア	197			剪定／元肥			カイガラムシ類	コウモリガ	開花・人工受粉／摘果		礼肥		
オリーブ	198	礼肥	元肥	冬季剪定	間引き剪定／梢枯病・炭疽病	開花・人工受粉		追肥	摘果			礼肥／ゾウムシ	
ジューンベリー	200		元肥	冬季剪定／元肥／アブラムシ		開花・人工受粉		夏季剪定		礼肥		元肥	
ザクロ	202			冬季剪定／元肥		カイガラムシ		夏季剪定／開花・人工受粉／摘果／追肥			礼肥		
ポポー	204			元肥		開花・人工受粉		夏季剪定／摘果／追肥／ハキリバチ			礼肥	冬季剪定	

イチジク

クワ科イチジク属　原産地／南西アジア

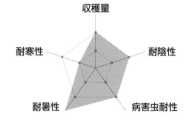

難易度	実がつくまで	受粉樹
	2~3年	不要

樹種・樹高
落葉高木
2~3m

隔年結果
しにくい

花芽
夏果 純正花芽
冬果 混合花芽

収穫量　耐陰性　病害虫耐性　耐暑性　耐寒性

栽培がらくで、夏果・秋果がある

日本で栽培される品種は1本で実がなるので、受粉樹は不要です。摘果も必ずしも行う必要はありません。6月下旬～7月にだけ実が成熟する夏果専用種、8月下旬～10月にだけ成熟する秋果専用種、夏果と秋果の両方がなる夏秋果兼用種があります。初心者は、実が成熟する時期と梅雨が重ならない秋果種が育てやすく、おすすめです。種類によって実のつく位置が異なるため、それぞれに合った剪定を行いましょう。樹の寿命は短く、10～15年です。

花は写真のころの実の内部に咲いており、外から見えない。

大きく切れ込みがあるのが特徴。品種により形が異なる。

栽培カレンダー

	1月	2月	3月	4月	5月	6月	7月	8月	9月	10月	11月	12月
植えつけ												
枝の管理				剪定			芽かき					
花の管理	※とくになし											
実の管理							摘果 (夏果)		摘果 (秋果)			
収　穫							(夏果)			(秋果)		
施　　肥				元肥		追肥				礼肥		
病害虫					疫病					カミキリムシ		

1年間の成長 & お世話ポイント

memo
○品種によって収穫回数が異なる
○品種によって実のつき方が異なるため、適した剪定方法を

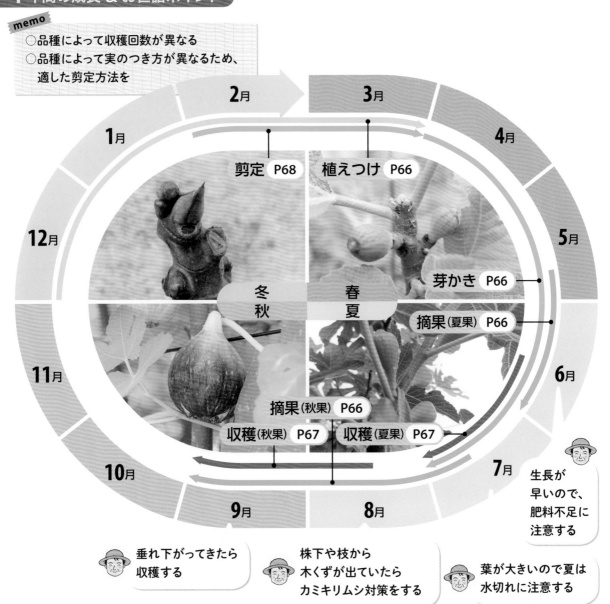

剪定 P68　植えつけ P66

芽かき P66

摘果（夏果）P66

冬秋　春夏

摘果（秋果）P66

収穫（秋果）P67　収穫（夏果）P67

1月 2月 3月 4月 5月 6月 7月 8月 9月 10月 11月 12月

生長が早いので、肥料不足に注意する

垂れ下がってきたら収穫する

株下や枝から木くずが出ていたらカミキリムシ対策をする

葉が大きいので夏は水切れに注意する

おすすめの品種

品種名		収穫時期					果実サイズ	果皮の色	特徴
		6月	7月	8月	9月	10月			
夏果秋果兼用種	桝井ドーフィン（ますい）		■	■			大	赤褐色	夏果150g、秋果100gと大型。実つきがよく、市販されている実のほとんどがこの種で、苗も入手しやすい。耐寒性はやや劣る。
	バナーネ		■				大	淡い緑色	夏果160g、秋果110gで桝井ドーフィンよりひと回り大きい。甘みが強く、ねっとりした食感。
	ホワイト・ゼノア	■		■			中	熟しても色はつかない	中型果で糖度が高く芳香が強いケーキ用品種として知られる。皮ごと食べられる。寒さにやや強い。
	ブラウン・ターキー	■					中	橙褐色	中型果で実つきがよく、甘みが強い。低木に仕立てやすく、家庭果樹に向いている。寒さにも強い。
夏果専用種	ビオレ・ドーフィン	■					大	紫色	夏果専用種のなかでも実は大きく、110g。多汁。果肉は紅色。熟しても裂果しないため、虫や菌などの影響を受けにくい。
	ザ・キング	■					小	黄緑色	実は小さめだが、肉質がなめらかで皮ごと食べられる。成熟しても裂果しないため、害虫や病気などの影響を受けにくい。
秋果専用種	ゼブラ・スイート				■		小	黄緑色と白の縞模様	実は50g程度。実なりはよく、ほどよい甘みがある。皮の模様は食べ頃になると消える。
	蓬莱柿（ほうらいし）				■		小	赤褐色	実は70g程度。日本で古くから栽培されてきた種でやや酸味があり、懐かしい味わい。乾燥や寒さに強く、育てやすい。

1 🌱 **12月▶▶3月**

植えつけ

日当たりがよく、水はけのよい肥沃な土地に植えつけます。風で葉が傷みやすいので強風が吹きつける場所は避けます。

庭植え

❶ 直径・深さとも50cmの植え穴を掘る。
❷ 掘り上げた土に腐葉土や油かすを混ぜ込む。
❸ 植え穴に❷を埋め戻す。
❹ 苗木を植える。
❺ 周囲に水鉢を作る。
❻ 支柱を立てて固定する。
❼ たっぷり水やりをする。
❽ 根は乾燥に弱いため、しばらくの間、株元にワラなどをかけておく。

詳しい植え方はP20参照

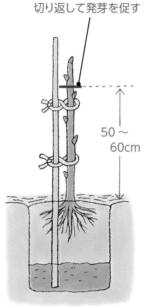

植えつけ後は、主幹を50〜60cmの高さで切り返して発芽を促す

50〜60cm

鉢植え

❶ 10号以上の鉢を用意し、鉢底石を敷く。
❷ 緩効性の固形肥料を混ぜ込んだ培養土か、赤玉土と腐葉土を混ぜたものを❶に入れる。
❸ 苗木を植える。
❹ 支柱を立てて固定する。
❺ たっぷり水やりをする。
❻ マイナス10度を下回るときや風が強いときは屋内に。

詳しい植え方はP22参照

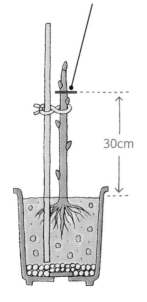

植えつけ後、主幹は30cmの高さで切り返して発芽を促す

30cm

2 🌱 **4月▶▶5月** ➕プラスワン

芽かき

春になると、冬に剪定したところの近くから複数の新芽が出てきます。すべての芽を伸ばすと混みすぎて日当たりと風通しが悪くなるので、元気のある芽をひとつ残して、かき取ります。

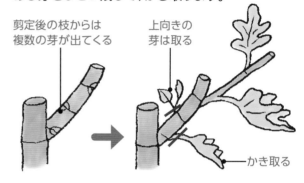

剪定後の枝からは複数の芽が出てくる

上向きの芽は取る

かき取る

真上に向いて伸びる芽は強すぎる枝になるため、横向きや斜め上に伸びている芽をひとつだけ残すようにする。切り口から出る白い液にかぶれることがあるので注意を。

3 🌱 **5月▶▶9月** ➕プラスワン

間引き・誘引・摘果

芽かきをしなかった場合、枝が混み合うなら、間引きをします。一文字仕立て →P68 にする場合は、風で枝が折れないように、支柱を立てて、誘引します。木が若いうちは、摘果をすると実が大きく育ちます。

誘引（5〜8月）

枝が重ならないように、ひもで固定する。下向きの枝は上に向け、横に広がるようにする。

摘果（5〜9月）

小さな実、形の悪い実、病害虫のみられる実を中心に、葉8〜10枚につき、1つを目安に摘果する。

野田プロ
集中講座

2年目に仕立て方を考えよう

イチジクは生長の勢いがよいので、植えたまま放っておくと、荒れた大木になってしまいます。そのため、植えつけた翌年には、どういう仕立て方にするかを決めて、それ以降は、仕立て方に応じた剪定をしていきましょう。こうすることで世話をしやすく、収穫量の多い木に育てていくことができます。

1 年目

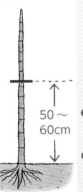

50〜
60cm

植えつけ時は高さ50〜60cmのところで切り返し、分枝を促す。

2 年目 冬

杯状仕立て

枝を3本残して主枝にし、30〜50cm残して先端を切り詰める。「変則主幹形仕立て」「開心自然形仕立て」とも呼ばれる。すべての品種に使える。

30〜50cm
残して先を切る

一文字仕立て

横にスペースがあるときは2本の枝だけを残し、先端から1/4程度切り詰めて左右に倒す。フェンスを使ってもOK。

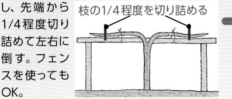

枝の1/4程度を切り詰める

3 年目 夏

木の広がりや高さをスペースに合わせて調整しながら、芽が2つ残るように枝先を切り詰める。

2芽残して切る

図のように新しい枝を垂直に伸ばす。この年の冬に2芽残して切り、翌年からは同様に誘引・剪定をくり返す。

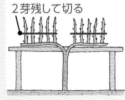

2芽残して切る

4

夏果 6月 ▶▶ 9月　秋果 7月 ▶▶ 10月

収穫

斜め上を向いていた果実が下に垂れ下がってきたら成熟の証。下から順に熟してくるので、色づいたものから収穫します。果実を持ち上げるようにすると、はさみを使わなくてもかんたんにもげます。

熟してきた実。甘い実に集まってくるスズメバチに注意を。

病害虫

イチジクは基本的に病気には強いものの、天候によっては疫病被害も。枝葉の風通しが悪いとハダニが発生しやすいので注意しましょう。よく発生しやすいのがカミキリムシ被害です。早めの対処が肝心。

カミキリムシ

放っておくと幹まで食い荒らされ、空洞化することも。成虫は見つけたらすぐに捕殺する。幹に小さな穴が空いていたり、木くずが出ていたりするときは、針金を入れて捕殺するか、忌避剤を入れて穴をテープでふさぐ。

疫病（えきびょう）

病原菌により発生。雨が多いときに発生しやすい。実が黒っぽくなり白色のかびが生じて落果する。発病した実は早めに取り除き、風通しをよくする。

剪定

イチジクは手間のかからない果樹ですが、生長の早い樹木である分、剪定はしっかり行いましょう。一見、複雑そうですが、剪定の考え方は2点だけ。

まずは仕立て方に応じた剪定を行うこと。そして、品種によって実がなる位置が異なるので、それに合った切り詰め方をすることです。

杯状仕立て

すべての品種

①高さや広がりを抑える

上部や横に伸びる枝の先端を切り詰めることで、高さや広がりを抑えることができる。

②間引く

伸びすぎた枝や交差する枝、ひこばえなどの不要な枝を間引く。

③枝先を切り詰める

長い枝は先端を1/3程度切り詰める。切り詰めた枝では夏果が収穫できないので、夏・秋兼用種、夏果専用種はすべての枝を切り詰めないようにする。

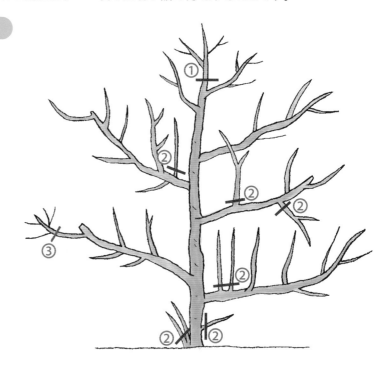

一文字仕立て

夏秋果兼用種、秋果専用種

①両端を誘引する

横に向けてさらに木を大きくする場合は、両端の枝を1/2程度に切り詰め、支柱を増やして横向きに誘引する。

②垂直に伸びた枝を切り詰める

垂直に伸びる枝は、枝元に2〜3芽を残して思い切って切り詰める。春から新しい枝が伸び、実をつけるので心配いらない。

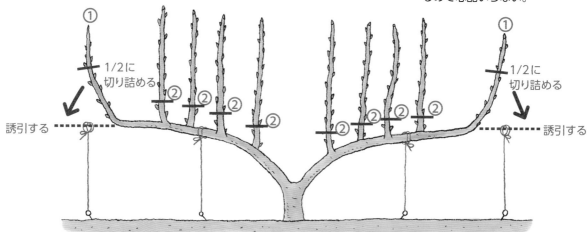

野田プロ集中講座

実のつき方を考えて剪定しよう

品種のタイプによって、実のつく位置が異なります。これを考えに入れずに剪定すると、実がまったくならないという事態を招いてしまうこともあります。タイプを考慮せずに苗を選んだ場合は、遅くとも仕立て法を決めるまでに、必ず、品種・タイプを確認しておきましょう。

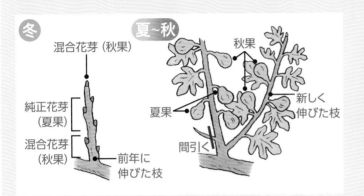

冬
混合花芽（秋果）
純正花芽（夏果）
混合花芽（秋果）
前年に伸びた枝

夏〜秋
秋果
夏果
新しく伸びた枝
間引く

夏秋果兼用種

夏果も秋果も収穫できるタイプ。越冬した花芽が夏に実り、春から夏にかけて伸びた枝に秋果が実る。秋果よりも先の部分は冬に生育を止め、翌年の花芽になって夏果をつける。剪定時に枝先を切り詰めると夏果は実らない。

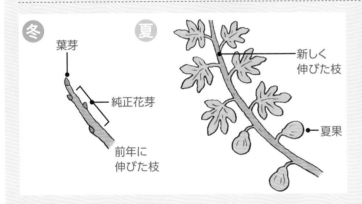

冬
葉芽
純正花芽
前年に伸びた枝

夏
新しく伸びた枝
夏果

夏果専用種

夏果だけ収穫できるタイプ。前年に伸びた枝の先端についた花芽が越冬し、翌年に実る。冬の剪定時にすべての枝を切り詰めてしまうと、実がまったく実らなくなってしまう。このため、一文字仕立てには向かない。杯状仕立てにして、剪定する枝の取捨選択を。実らせたい枝は切り詰めず、翌年に実らせたい枝は切り詰める。

冬
混合花芽
2〜3芽残して切り返すと樹高をコンパクトに保てる

秋
秋果
弱い枝は間引く
新しく伸びた枝

秋果専用種

秋果だけ収穫できるタイプ。冬の剪定時には葉芽しかついておらず、春から夏に伸びた枝に花芽がついて、秋に実る。新しい枝はよく伸びるので、毎年切り詰める一文字仕立てに向いている。一文字仕立てにすると、剪定する枝を迷わないので、初心者にも育てやすい。入門樹としてこのタイプから品種を選ぶのがおすすめ。

教えて！ Q & A

Q 実が大きくならない

A 実が大きくなるときの水切れが原因だと考えられます。イチジクは葉が大きく蒸散も多いため、夏季には水切れが起こりやすくなります。鉢植えの場合は毎日、庭植えの場合も土の乾き具合を見ながら、3日に1回程度は水やりを行うようにしましょう。

イチジク
保存と料理

完熟のイチジクの日持ちは1～2日です。熟しすぎると味が落ちるので、食べきれない分は早めに冷凍するか加工しましょう。イチジクにはたんぱく質を分解する酵素や食物繊維などの栄養がたっぷり含まれています。生食以外は皮ごと使うのがおすすめです。

	保存期間	方法
常温保存	約1～2日	風通しのよい冷暗所で
冷蔵保存	約1～2日	紙に包んで袋に入れる
冷凍保存	約4か月	平らに並べて袋に入れる
その他の保存法（本書で紹介しているもの）	黒砂糖煮、ジャム、セミドライ	

黒砂糖煮

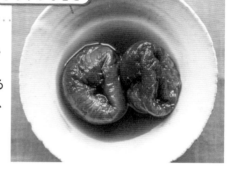

まろやかな甘さ

材料

イチジク	1kg（10個）
黒砂糖	200g
日本酒	50cc

作り方

1 鍋に砂糖と日本酒を入れ、弱火で煮る。
2 イチジクを並べ、弱火で20分煮る。
3 翌日、また20分煮る。1か月で食べきるのならそのまま。1年保存したい場合は、数回煮てからびんに入れ、脱気する。

コクのある甘さ

ジャム

材料

イチジク	1kg（10個）
ブラウンシュガー	イチジクの重量の30%

作り方

1 イチジクにブラウンシュガーをまぶし半日置く。
2 1を鍋に入れ、弱火で好みの固さになるまで煮る。

揚げイチジクのゴマだれ

材料

イチジク	5個
片栗粉、揚げ油	適量

ゴマだれ

A	黒練りゴマ	大さじ1
	砂糖	大さじ1/3
	酢	大さじ1
	しょう油	大さじ1/2
	だし	大さじ1

作り方

1 イチジクは皮をむき、片栗粉をまぶして油でカリッとする程度に揚げる。
2 半分に切って器に盛り、Aのゴマだれをかける。

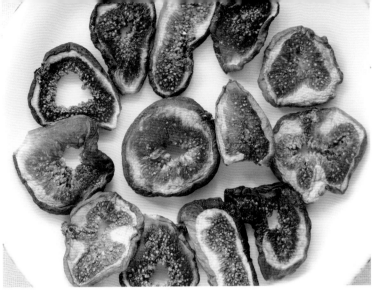

セミドライ

材料

イチジク————————1kg（10個）

作り方

1　軽く洗って、縦に4分割し、トレーに並べて冷蔵庫で乾燥させる。
2　2～3日おきに裏返す。約1か月でセミドライ状態に。

セミドライを使って

パウンドケーキ

（ミニパウンド型4台分）※高さ5cm×幅7cmの型を使用

材料

セミドライいちじく
————————4切れ
薄力粉————————400g
砂糖————————280g
バター————————280g
卵————————6個
ラズベリージャム
————————大さじ5
ケール粉末————大さじ5

作り方

1　薄力粉はふるっておく。
2　室温に戻したバターをハンドミキサーなどでクリーム状にしてから、砂糖を数回に分けて加え、溶いた卵と薄力粉も加える。
3　生地を4等分にし、2つにジャムを、残りの2つにケール粉末を加える。
4　型に生地をランダムに入れ、イチジクを各1切れずつ差し込み、160度のオーブンで40分焼く。

セミドライを使って

クラッカーとチーズのオードブル

材料

イチジク————4～5切れ
市販のクラッカー
————————4～5枚
カマンベールチーズ
————————4～5切れ
（小さめにカットして）

作り方

1　市販のクラッカーにイチジクとカマンベールチーズをトッピングする。ブルーチーズもおすすめ。

ウメ

バラ科サクラ属　原産地／中国

難易度	実がつくまで	受粉樹
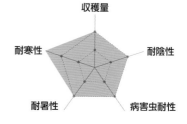	**3~4**年	品種による
		隔年結果
樹種・樹高		しやすい
落葉高木		花　芽
2~3m		純正花芽

収穫量

耐寒性　　耐陰性

耐暑性　　病害虫耐性

手がかからないが
剪定は毎年必要

　花を楽しめ、実の利用法も数多いウメは古くから家庭果樹として人気です。花を楽しむ目的の「花梅」でも実はなりますが、収穫が目的なら「実梅」を選びましょう。住宅地での栽培には1本で結実する品種が適していますが、確実にならせたい場合は受粉樹として別品種のものを、もう1本植えるとよいでしょう。ほとんど手をかけずとも育ちますが、大きくなりやすいので、剪定だけは毎年行いコンパクトに管理しましょう。

花

白、赤、ピンク色の花がたくさんつき、花見も楽しめる。

葉

濃い緑色で、若い葉は淡緑色。先が尖っている。

栽培カレンダー

	1月	2月	3月	4月	5月	6月	7月	8月	9月	10月	11月	12月
植えつけ												
枝の管理					夏季剪定					冬季剪定		
花の管理				開花・人工授粉								
実の管理					摘果							
収　　穫												
施　　肥				元肥		追肥					礼肥	
病害虫		うどんこ病	ケムシ					黒星病				

1年間の成長 & お世話ポイント

実がなりすぎたとき、実を大きくしたいときは摘果を

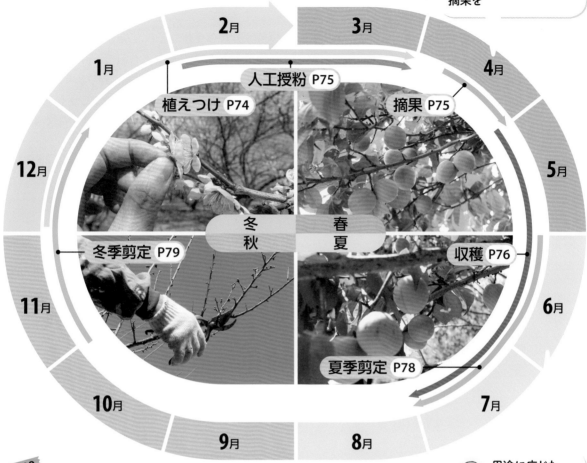

人工授粉 P75

植えつけ P74

摘果 P75

収穫 P76

冬季剪定 P79

夏季剪定 P78

冬秋 / 春夏

1月・2月・3月・4月・5月・6月・7月・8月・9月・10月・11月・12月

用途に応じた時期に収穫する

memo
○放置すると実がなる量が減るので、毎年、剪定はしっかり行う
○苗の購入時に品種を確認しておく

おすすめの品種

品種名	受粉樹	収穫時期 5月	収穫時期 6月	収穫時期 7月	果実サイズ		特徴
こうしゅうこうめ 甲州小梅	不要	■			小	4〜6g	花粉が多く、受粉樹にも。小梅のなかでは果肉が厚く、種が小さい。梅干し、梅酒に。
りゅうきょうこうめ 竜峡小梅	不要	■			小	3〜5g	小梅の国内生産No.1。開花・収穫時期がもっとも早い。梅干しやカリカリ梅に。
はなかみ 花香実	不要		■		中	30g	ピンク色の八重咲きの花が美しい。花粉が多く、受粉樹にも向いている。梅干しやジャムに。
しらかが 白加賀	必要		■		大	30g	花粉が少なく、受粉樹には向かない。梅干し、梅酒、ジュースに。
なんこう 南高	必要		■		中	25g	国内生産量トップ品種。果肉は柔らかく、ふくよかな香り。梅干しやジャムに。
ぶんご 豊後	必要		■		大	40g	アンズとウメの雑種。寒冷地でも栽培できる。果肉が多くジューシーで梅酒やジュースに適している。
おうしゅく 鶯宿	不要		■		大	30g	花の香りが高く、紅白の色が混じって咲く。果肉は固めで、梅酒や梅シロップに適している。
つゆあかね 露茜	必要			■	極大	70g	ウメとスモモの交配種。実は真っ赤になり、梅酒やジュースにすると美しい赤色隣人気上昇品種。受粉樹にはアンズが向く。

1 🌱 〔12月▶▶3月〕 植えつけ

落葉している時期に植えつけます。寒冷地や遅霜のあるところでは2～3月に植えつけましょう。庭植えの場合は、日当たり、風通し、水はけのよい場所に。鉢植えは日当たりのよい場所で管理します。

庭植え

① 直径・深さとも50cmの植え穴を掘る。
② 掘り上げた土に腐葉土や油かすを混ぜ込む。
③ 植え穴の半分までに②を埋め戻す。
④ 苗木を③に入れて、残りの土を穴より高めにかぶせてならす。
⑤ 周囲に水鉢を作る。
⑥ 支柱を立てて固定する。
⑦ たっぷり水やりをする。

`詳しい植え方はP20参照`

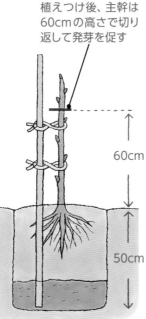

植えつけ後、主幹は60cmの高さで切り返して発芽を促す

60cm

50cm

鉢植え

① 10号以上の鉢を用意し、鉢底石を敷く。
② 緩効性の固形肥料を混ぜ込んだ培養土か、赤玉土と腐葉土を混ぜたものを①に入れる。
③ 苗木を植える。
④ 支柱を立てて固定する。
⑤ たっぷり水やりをする。

`詳しい植え方はP22参照`

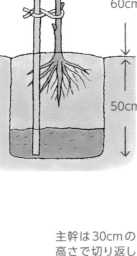

主幹は30cmの高さで切り返して発芽を促す

30cm

主幹から出る枝を切り落とす

2 🌱 〔11月▶▶12月〕 仕立て方

ウメは春から生長する枝が伸びやすく、放っておくと樹高も幅も大きくなるものの、花は先端に少しつくだけになり、実つきも悪くなります。庭で育てるなら、世話をしやすいようコンパクトに仕立てましょう。下図の「杯状仕立て」がおすすめです。

1 年目

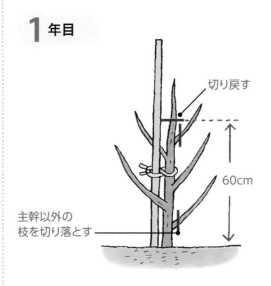

切り戻す

60cm

主幹以外の枝を切り落とす

2 年目

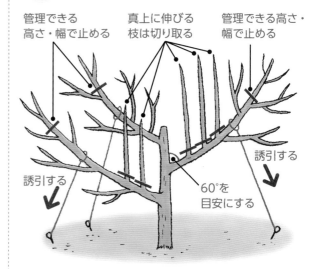

管理できる高さ・幅で止める

真上に伸びる枝は切り取る

管理できる高さ・幅で止める

誘引する

誘引する

60°を目安にする

実のつき方を知ろう！

10 〜 15cmくらいの短い枝（短果枝）によく実がつきます。枝は、新枝として伸びた年を「1年目」、その翌年を「2年目」、翌々年を「3年目」としています。

1年目 冬

その年に伸びた枝（1年枝）の先端を1/3ほど切り戻し、その後に実がつきやすい短い枝を多く発生させる。

切り戻す

1年目の長い枝

2年目 冬

この年に伸びた枝にやがて実となる花芽がつく。長く伸びてしまった枝は先端を1/3ほど切り戻しておく。

切る
長果枝
花芽
中果枝
短果枝

3年目 春

2年目の冬に花芽だったところに、実がつく。

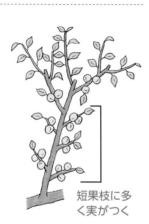

短果枝に多く実がつく

3 2月▶▶3月 ＋プラスワン

人工授粉

家庭で楽しむ程度の収穫なら、とくに何もしなくても構いません。ウメは近隣に植えられていることの多い果樹で、受粉樹を用意していなくても、虫が媒介となるケースが少なくありません。多くの実をつけたいなら、人工授粉を行います。

開花して雄しべの先の黄色味がくすんできたら、花粉がたくさんついている花を選んで摘み、別の花にこすりつける。1つの花で10個くらいの授粉が可能。

教えて！Q&A

Q 摘果は必要ない？

A ウメは隔年結果 ➡P205 しやすいので、多く実がつきすぎたときには、5月上旬に葉15枚に1つの実になるよう、摘果すると、毎年均等に収穫できます。

4

5月▶▶7月

収穫

品種によって収穫時期が異なり、利用法によっても収穫適期が変わります。基本的に梅酒、梅シロップ用には、実の肥大が止まったころ、まだ青いうちに。梅干し、ジャムには黄色に完熟してから収穫します。梅酒や梅シロップに完熟梅を使うと甘く香り豊かになるので、好みで収穫を。完熟梅は落ちたものも使えます。

手で取る

実を軽くつまんで上に持ち上げると、収穫できます。

落とす

完熟したものなら、棒でたたいて落とす方法もあります。落とした実を傷つけないよう、あらかじめシートや網を敷いておくとよいでしょう。

病害虫

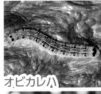
オビカレハ

イラガ

実が大きくなる梅雨どきに病害虫が発生しやすくなります。病斑や虫害部分を見つけたらすぐに取り除きましょう。病気が広がった枝は剪定時に切り落とします。春にはとくにウメ毛虫と呼ばれるオビカレハやイラガの幼虫も発生しやすいので、見つけたらすぐに駆除を。

黒星病
（くろぼしびょう）

枝葉や花、実に黒い斑点ができる病気。枝葉の変化はわかりにくく、実に病変ができたときに気づくことが多い。実は問題なく食べられるが、枝に菌が潜んでいることが多いので、剪定時に切り落とすとよい。

縮葉病
（しゅくようびょう）

4～5月ごろに葉が縮れたようになり、やがて葉が白く粉をふいたような状態となる。実に影響はないものの、とくに若木のころにかかると木が弱くなる。

雹害
（ひょう）

雹による被害で、実に傷やへこみができる。見た目は悪くなるが、加工には問題はない。

青梅

きれいな緑色をした未熟果。固くて酸味が強い。

完熟梅

黄色に熟したもの。実が柔らかくなり、甘い香りを放つ。

野田プロ
集中講座

花芽と葉芽を見分けよう

ウメの生長力は旺盛なので、バッサリと剪定しても、切ったところから枝はどんどん伸びます。ただ、枝には将来実がつく花芽と、葉になる葉芽があり、花芽を切り落としてしまうと、実がならなくなります。剪定を行う前に、まずは花芽と葉芽の見分け方を知っておきましょう。

花芽

全体にふくらみがあるのが花芽。新しく伸びた枝だけにつく。葉芽と見分けがつきにくくても、翌年に咲くものの花芽は8月ごろになるとそれとはっきりわかるようになる。

葉芽

花芽と比べると先が尖り、小さくて締まっているのが葉芽。葉芽か花芽かはっきり見分けがつかないときは、見分けがつくようになってから剪定するか、夏期は間引き程度にしておくとよい。

短果枝

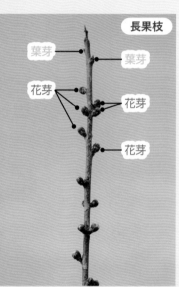

長果枝

夏季剪定

実の収穫を終えたら枝を間引きましょう。上向きに勢いよく伸びる徒長枝には、あまり実はなりません。放置していると枝が込み合って日当たりや風通しが悪くなります。また、必要以上に木の養分を奪われてしまいます。病害虫の発生を予防するためにも、元から切り落とします。

①徒長枝を間引く

真上に勢いよく伸びている枝にはあまり実がつかないため、根元から切り落とす。

②枯れ枝を間引く

枯れた枝は病虫害を招くので取り除いておく。すでに病虫害を受けた枝も取り除いておく。

③込み合っている枝を切る

込み合っているところは日当たりや風通しが悪くなるので、根元から切っておく。

④株元や主幹から出る枝を切る

いわゆる「ひこばえ」や主幹から直接伸びる枝は、主株の養分を奪ってしまうので、根元から切っておく。

短果枝と長果枝

よく実がつく長さ15cm程度の短果枝を枝全体の中から見分けられるようにしておくと、剪定のときに役立つ。長く伸びた長果枝には花芽はついても実にはなりにくいので、切り戻す。

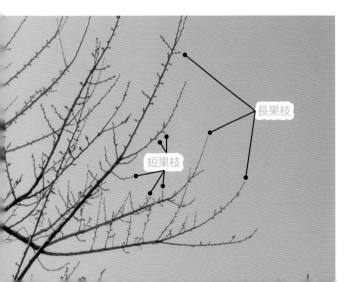

長果枝
短果枝

外芽と内芽

芽をよく見てみると、外側を向いている外芽と、内側を向いている内芽がある。枝の途中で切る場合、外芽は下や横に伸びるが、内芽は上に向かって伸びやすく、不要枝に育ってしまいがち。下図のように切り、それを防ぐ。

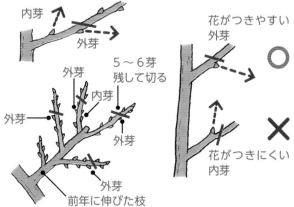

内芽
外芽
外芽
内芽
外芽
外芽
5〜6芽残して切る
外芽
前年に伸びた枝
花がつきやすい外芽
〇
花がつきにくい内芽
✕

6

冬季剪定

冬季剪定の目的は、翌年以降の実なりをよくするために枝を整理し、管理しやすい高さ・樹形になるよう整えることです。また、これまでについた害虫は越冬することもあるので、剪定時には虫がいないか、被害を受けたところはないかも確認しておくとよいでしょう。

①枝先を切り戻して短果枝を増やす

徒長枝はそのままにしておくとあまり実をつけないが、短果枝が少ないときには、間引かずに先端の1/3を切り戻しておくと、翌年に短果枝が多く出てくる。ただし、こうして作った短果枝は2年実をならせたところで間引く。

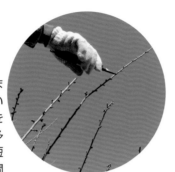

②古くなった枝を更新する

古くなった枝にはもうあまり実はつかない。その場合は元からノコギリで切り落とし、近くの新しい枝が勢いよく伸びるように更新する。その場所に枝が複数本あれば、元気のよい枝を残し、ほかは切り落とす。

③徒長枝を切る

上に向かって真っ直ぐに伸びた勢いのある枝は、根元から切る。

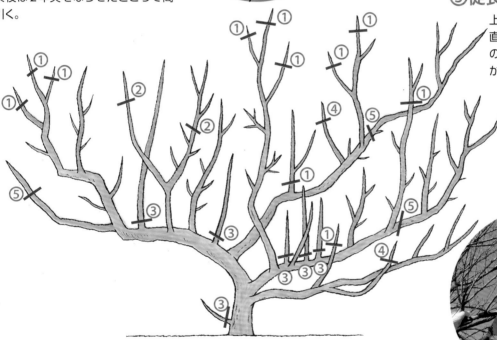

④内向枝を間引く

株の内側に向かって伸びている枝は、元から切り落とす。

⑤管理しやすい形に整える

そのまま放置していると大きく広がり、管理しきれなくなる。そうなる前に、毎年冬には、自分が管理できる範囲におさまるよう、高さ、横幅とも剪定をしておく。

ここもポイント

短果枝を増やす剪定

徒長枝や長果枝の先には、葉芽や結実しない花芽がつきます。その部分を切り落とすことで、図のように、翌年は短果枝が多くなります。

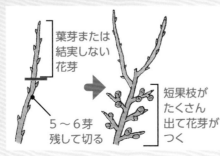

葉芽または結実しない花芽

5～6芽残して切る

短果枝がたくさん出て花芽がつく

ウメ
保存と料理

日本の伝統食に欠かせないウメは、長期保存できる方法がたくさんあります。収穫したものは日持ちせず、冷蔵保存もできません。収穫後すぐに加工する必要がありますが、冷凍して使うことも可能です。季節をズラして梅料理を満喫してもよいでしょう。

	保存期間	方法
常温保存	約1〜2日	紙に包んで冷暗所で
冷蔵保存	不向き	
冷凍保存	約6か月	袋に入れる
その他の保存法 (本書で紹介しているもの)	シロップ、ウメしょう油、ウメ干し、ウメ酒	

ウメシロップ

材料
ウメ	1kg
氷砂糖	1kg

作り方
1 ウメはよく洗い、水につけてアクを抜く。容器に氷砂糖とウメを交互に入れ、冷暗所に置く。ときどきびんをふる。
2 1か月くらいで砂糖が溶けてくる。2か月ほどすると、さわやかなシロップになる。果肉はそのまま食べてもよい。

【ウメシロップの果肉を使って】

果肉自体に甘味はないのでカレーを煮込む鍋に入れると風味が増す。焼き菓子にも使える。梅の実と砂糖でジャムにしてもおいしい。砂糖少な目のジャムにすればチャツネとしても使える。

ウメシロップを使ったジュース

作り方
コップの容量と甘みの好みにもよるが、ウメシロップの5〜6倍に薄める。冷たく冷やした炭酸水もおすすめ。

ウメしょう油

材料
ウメ	200g
しょう油	200cc

作り方
1 ウメは水につけてアクを抜き、水気をふいてヘタを取る。
2 びんにウメとしょう油を入れ、10日ほど置く。完成したら、冷蔵庫か室内で保存する。数回しょう油を足してまた作り続ける。梅は煮物や煮魚にも使用できる。梅を冷凍しておけば通年作ることができる。

ウメ酒

材料

ウメ（青梅または完熟梅）	1kg
氷砂糖	500g 〜 1kg
酒（アルコール度数30°以上のもの）	1.8ℓ

作り方

1 ヘタを取る。

2 アクを抜く。

3 水気を取る。

4 梅と氷砂糖を
交互に重ね入れ、
酒を注ぐ。

5 冷暗所で保存
する。

ホワイトリカー使用

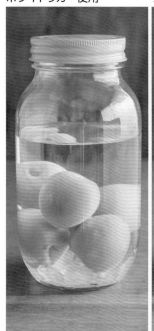

ブランデー使用

ウメ干し

材料

ウメ（青梅、完熟梅のどちらでもよい）	1kg
赤ジソ	200g
塩（下漬け用）	200g
塩（本漬け用）	20g

下漬け

ウメは洗い、ヘタを取り除く。容器に下漬け用の塩とウメを交互に重ね入れる。最後に塩を入れ、その上にウメの2倍の重しをのせる。お皿の上にペットボトルや厚めのビニールに入れた水などを置いてもよい。2日程度で梅酢が上がってくる。

本漬け

1 洗って乾かしたふたつき容器を用意する。
2 赤ジソの葉に塩をまぶし、アクをしっかり絞る。
3 容器に下漬けのウメ、2のシソを入れ、下漬けでできた梅酢をすべて加え、重しをのせて冷暗所で梅雨の終わりを待つ。
4 盛夏になったら、ザルにウメ、シソを並べて日に当てる。夜はまた容器に戻す。
5 この作業を連続3日間くり返すと、香りのよい梅干しになる。
6 梅酢はびんに入れて保存し、ショウガ、ミョウガを漬け込むのもよい。ウメ干しは1年寝かせるとより味がまろやかに。何年でも保存が可能。

カキ

カキノキ科カキノキ属　原産地／中国、日本

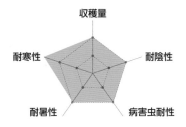

難易度 🍅🍅🍅	実がつくまで **4~5**年	受粉樹 不要

隔年結果 しやすい

花 芽 混合花芽

樹種・樹高 落葉高木 **3~5**m

収穫量
耐寒性　　　耐陰性
耐暑性　　　病害虫耐性

苗を購入するときは 必ず品種の確認を

　多くのカキは1本の木に雄花と雌花がそれぞれつきますが、カキには雌花だけでも実がつく性質があります。ただし、品種によっては、受粉樹のあるほうが結実しやすいものもあります。場合によっては受粉樹も用意しましょう。甘ガキの品種でも寒冷地では渋が抜けにくいことがあるので、その場合は渋抜きが必要です。環境によっては大木に育つため、手の届くところで収穫したい場合は仕立て方を工夫し、毎年必ず剪定を行います。

花

雄花と雌花がある。写真は雌花。

葉

古くから薬効があるとされ、湿布やお茶などに使われる。

栽培カレンダー

	1月	2月	3月	4月	5月	6月	7月	8月	9月	10月	11月	12月
植えつけ												
枝の管理			冬季剪定						夏季剪定			
花の管理					摘蕾	人工授粉						
実の管理								摘果				
収　穫												
施　肥				元肥			追肥				礼肥	
病害虫										カキノヘタムシガ		

1年間の成長 & お世話ポイント

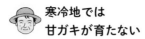

memo
- 地域に合った品種を選ぶ
- 品種によって受粉樹が必要
- 夏季の水切れに注意

寒冷地では甘ガキが育たない

確実に実をつけたいなら摘蕾・人工授粉を

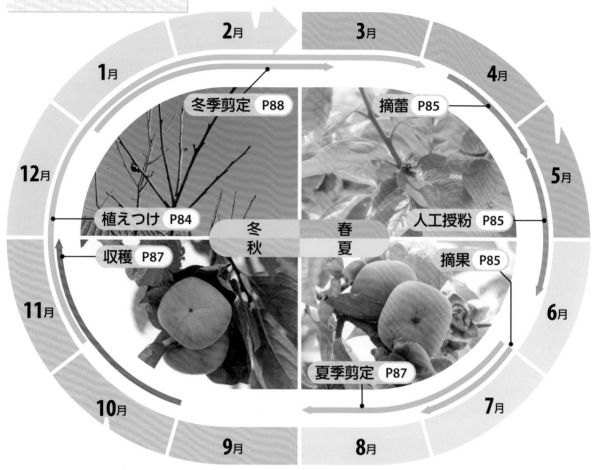

- 1月
- 2月
- 3月
- 4月
- 5月
- 6月
- 7月
- 8月
- 9月
- 10月
- 11月
- 12月

冬季剪定 P88

摘蕾 P85

人工授粉 P85

摘果 P85

夏季剪定 P87

植えつけ P84

収穫 P87

冬 秋

春 夏

 落葉までには収穫する

おすすめの品種

種類	品種名	栽培地域	受粉樹	収穫時期 10月	収穫時期 11月	特徴
甘ガキ	宗田早生（そうだわせ）	関東以南	不要	▬		大果。糖度が高く甘い。果肉はなめらか。東北以南でも栽培可能だが、渋みは抜けない。
	太秋（たいしゅう）	東北以南	あるとよい	▬		大果。シャキシャキした食感で日持ちする。枝が折れやすいので注意する。受粉樹にも向く。
	次郎（じろう）	東北以南	あるとよい	▬		大果。扁平で十字の溝が入っている。甘みは強いが裂果も多い。できれば受粉樹があるとよい。
	禅寺丸（ぜんじまる）	福島県以南	不要	▬		中果。日本では最古の甘柿と言われるが、渋が抜けきらない場合もある。やや硬めの食感。雄花が多く、受粉樹に向く。
	富有（ふゆう）	福島県以南	あるとよい		▬	中果。甘みが強く、果色もよく多収で、甘柿の代表品種。受粉樹を近くに植えるとよい。
渋ガキ	平核無（ひらたねなし）	東北以南	不要	▬		中果扁平な四角形。渋ガキのなかでは風味が最もよい。渋が抜けやすく干し柿に向く。受粉樹は不要。
	西条（さいじょう）	東北以南	不要	▬		中果。渋抜きすると甘みが強い。成熟前に収穫して、数日間熟成するとよりおいしくなる。
	富士（ふじ）	関東以南	あるとよい	▬		大果。先が尖った形をしていて、「蜂屋」とも呼ばれている。水分の抜けが早く、干しガキに向く。

1 🌱 11月▶▶3月 植えつけ

甘ガキが育つのは関東以南です。寒冷地では甘ガキの品種でも渋が抜けません。寒冷地では極寒期を避けて2月下旬〜3月に植えつけます。日当たり、風通しのよい場所に植えましょう。乾燥しやすいところでは根元にワラなどでマルチングを。受粉樹が必要な品種は、必ず近くに植えておきましょう。

庭植え

① 根が深く伸びる性質なので、直径・深さとも80cmの植え穴を掘る。
② 掘り上げた土に腐葉土や油かすを混ぜ込む。
③ 植え穴に②を埋め戻す。
④ 細い根を傷つけないように苗木を植える。
⑤ 周囲に水鉢を作る。
⑥ 支柱を立てて固定する。
⑦ たっぷり水やりをする。
⑧ 乾燥しやすいところではしばらくの間、株元にワラなどをかけておく。

詳しい植え方はP20参照

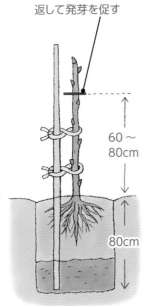

植えつけ後、主幹は60〜80cmの高さで切り返して発芽を促す

60〜80cm

80cm

鉢植え

① 10号以上の鉢を用意し、鉢底石を敷く。
② 緩効性の固形肥料を混ぜ込んだ培養土か、赤玉土と腐葉土を混ぜたものを①に入れる。
③ 苗木を植える。
④ 支柱を立てて固定する。
⑤ たっぷり水やりをする。

詳しい植え方はP22参照

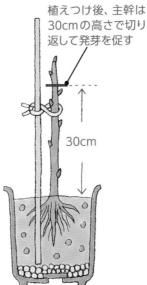

植えつけ後、主幹は30cmの高さで切り返して発芽を促す

30cm

2 🌱 4月▶▶5月 仕立て方

植えつけてしばらくの生長はゆっくりですが、そのままにしていると数mにもおよぶ高木になってしまいます。そうなると収穫や管理が難しくなるため、住宅密集地では主幹を低く仕立てましょう。低く育てて収穫量を増やすなら、3本仕立てがおすすめです。

幼木

1年目 冬

主幹になる枝を決めて競合する枝は根元から切り、主枝は先を切り詰める。

主枝にしていく

2年目 冬

上部の枝を将来の主枝とし、内側を向いた芽のすぐ上で切り詰める。毎年切り詰めることで樹高を抑えることができます。株の枝は左右に誘引します。

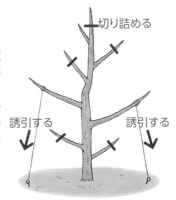

切り詰める

誘引する　　誘引する

成木

植えつけてから数年の生長はゆっくりだが、急に生長して樹高が高くなるので、主幹は低い位置で切り、3本仕立てにして育てていく。

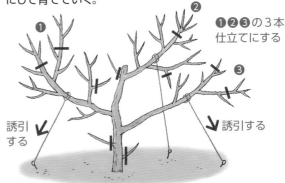

①②③の3本仕立てにする

誘引する　　誘引する

3 4月▶▶6月 ＋プラスワン

摘蕾・人工授粉

カキは1本の木に雄花、雌花が咲き、人工授粉をしなくても実がなる品種は多くあります。実がなっても自然に落果してしまうのを避けるためには、摘蕾や人工授粉をして、よい実を確実に実らせることが大切です。自家授粉しにくい品種や、虫の少ないところでも人工授粉は効果的です。

摘蕾

4月中旬〜5月上旬
1本の枝につぼみが2個ついていれば1個に、3個以上の場合は1〜2個を残すように摘蕾します。生育のよいつぼみを残す。

人工授粉

5月中旬〜6月上旬
筆先に雄花の花粉をつけ、雌花の中でかき混ぜて受粉させる。雄花を摘んで紙などの上に花粉を落として集め、それを筆で雌花の雌しべにつけるとより確実。

雄花

ガクが小さくスズランのような花を、1か所に2〜3個つける。

雌花

雄花に比べてガクが大きく、花も大きく開く。

4 7月

摘果

幼果が大きくなり始め、春から伸び始めた枝の伸びが鈍くなってきたら摘果をします。カキは、自然落果することが多い果樹です。これを防いで、よい実だけを大きくするためと、ならせすぎて隔年結果 ➡P205 になることを防ぐことが目的です。

摘果前

生育不良のもの、上向きについている実、枝の根元近くや先端になっている実などを取り除き、葉20〜25枚に1個または、1枝に1個に摘果する。

摘果後

遅れて開花して生育が遅れている実などがあれば、仕上げに取り除く。

摘果したところ

実のつき方を知ろう！

前年に伸びた枝の先端付近に混合花芽がつき、そこから伸びた枝に花と葉がつき、花はやがて実を結びます。つぼみは混合花芽から伸びた枝の2〜5節芽の葉腋につき、受粉したら実になります。

花芽の成長の流れ

前年に伸びた枝の先端付近に混合花芽がつく。

混合花芽

冬

先端を切り詰めると実がならない

秋

混合花芽から伸びた枝に実がつく

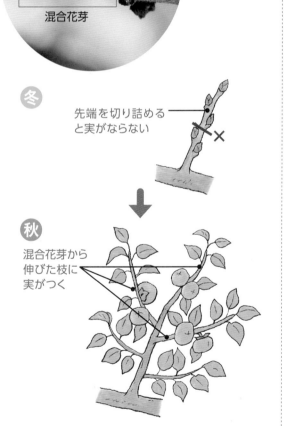

混合花芽が育っていく様子

先端の混合花芽。ここから芽が育っていく様子を見てみよう。写真は4月・関東地方。

20日後

芽が動きだし、葉が展開し始めた。

5週間後

枝が伸び、葉腋に小さなつぼみができている。

5 🌱

夏季剪定

7月になると実がついてきます。実のついていない枝で込み合っているところを間引きます。風通しをよくして病虫害を防ぎ、木の内部まで光を当てて、実の色づきをよくします。仕立て方を考えた剪定は、このときは考えなくてもよいでしょう。

翌年の結実のことを考えて、全体の枝のうち、実のついている枝とついていない枝を1:2の割合に。

病害虫

病気では落葉病や炭そ病、害虫ではカキノヘタムシガ、イラガなどの幼虫の発生に注意します。

落葉病
らくようびょう

カキには円形落葉病、角斑落葉病、黒星落葉病が発症する。梅雨どきから落葉時期まで発病は続き、斑点が広がっていずれ落葉する。落ち葉で菌が繁殖して越冬するので、病気にかかった落ち葉はきちんと処理をする。予防のため間引き剪定をしっかり。

炭そ病
たんそびょう

若い枝や実に病斑が現れる。病原菌が菌糸の形で越冬し、それが落葉痕や芽の鱗片などに感染して起こる。幼果に伝染する前にできるだけ早く発見して、病変部を除去したい。

カキノヘタムシガ

枝の先端についた芽や実に侵入する。芽が被害を受けると枯死し、翌年も発芽しない。実に侵入した場合、実と果梗を糸でつづって落果を防ぎながら内部を食害する。芽を食害し、実に移動する前の時期に捕殺する。

6 🌱

収穫

実が完全に色づいたら収穫します。実をつけたままにしておくと木の養分が失われてしまい、翌年に花や実がつきにくくなるので、落葉前には収穫するようにしましょう。渋ガキの場合は、収穫後すぐに干して渋抜きを行います ➡P92 。

▲干しガキにする場合は、干しやすいよう枝ごと収穫するのもおすすめ。
◀ヘタのつけ根から切って収穫する。

熟しすぎ	形がいびつ

ならせたままにしておくと、木の栄養が失われるばかりでなく、腐った実から病害虫が入りやすくなる。また、鳥獣を引き寄せることも。

芽吹きから開花までに寒暖差が大きかったときにみられる。食べられなくはないが、正常な実の肥大を妨げないためにも、取り除く。

ここもポイント

紅葉も楽しめる

カキは紅葉も楽しめます。「柿紅葉」という言葉が季語にもなっており、1枚の葉の中に赤、朱色、黄色、緑色が混じり合った美しい姿を見せてくれます。

7

冬季剪定

「モモ・クリ3年、カキ8年」といわれるように、カキは幼木期の生長が遅いので、幼木のあいだは樹高・樹形を整えることにとどめ、成木なってから本格的な剪定を行います。花芽が枝の先端付近につくタイプなので剪定の際には切り落とさないように注意します。大きく育ちすぎた木を小さくしたいときは1年でいっきに行わず、数年計画で少しずつ小さくしていきます。

庭植え

①徒長枝を間引く

真上に伸びている枝は根元から切る。太い場合はノコギリで切る。切り口には癒合剤をつけておく。

②車枝を間引く

1か所から何本も枝が出ているところは、元からすべて切るか、1～2本を残して切る。

③混み合った枝を間引く

交差している枝や、内側に伸びている枝、込み合っているところの枝は根元から切る。

④平行枝を間引く

枝が平行になっている部分は、1本だけ残して切る。

⑤胴吹き枝を間引く

幹や太い枝から直接吹いている弱い枝は根元から切る。

⑥下向きの枝を間引く

下に向かって伸びている枝は根元から切る。

⑦ヘタが残った枝を間引く

実がなった枝に翌年実はつかないので、つけ根から切る。

⑧上へ伸びるのを抑える

管理しやすい高さに留めるため、樹高が高くなったものは、主幹の上部を切って生長を抑える。

◀剪定前のカキの木。全体的に枝が混み合っている。

▶剪定後の様子。不要な枝がなくなり、風通しがよくなった。

鉢植え

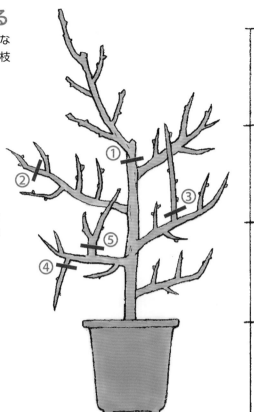

①樹高を抑える

鉢の高さの3倍を越さないように、いちばん上の枝の分岐部の上で切る。

②横への伸びを抑える

横に大きく伸びてきたら、枝の先端の最初の分岐部の上で切る。

鉢の高さの3倍を超えないように切り詰める

③徒長枝を間引く

真上に向かって伸びている枝は根元で切る。

④下向きの枝を間引く

下に向いて伸びている枝は根元で切る。

⑤内向きの枝を間引く

株の内側を向いて伸びている枝は根元で切る。

実のついた枝は誘引する

実の重さで枝が折れたり、下がるのを防ぐため、支柱を立てて実のなっている枝を誘引します。

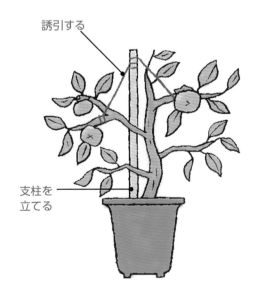

誘引する

支柱を立てる

教えて！Q&A

Q 今年はまったく実がならない

A 去年はたくさん実がなったのに、今年はならない場合は、今年の芽に必要な養分まで、去年使われてしまったためでしょう。冬の剪定で枝を間引き、来年は摘蕾、摘果で実の数をコントロールすると、実がよくなるはずです。

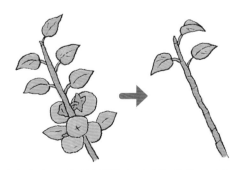

実を多くつけた枝は翌年あまり伸びずに、実もつかない。

どの枝を切ればいいですか?

この状態ならどこを切ればよいかというのはなかなか難しいものです。パターンは無数にありますが、特徴的な例で野田先生に教えていただきました。

 放置していると高木になるので、主幹は低い位置で切り下げましょう

この木を剪定。主幹が高くなり始めているので、高さをおさえて不要枝を取り除く剪定をする。

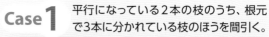 **Case 1** 平行になっている2本の枝のうち、根元で3本に分かれている枝のほうを間引く。

Case 2 1か所から何本も伸びているので、伸ばす枝を決め、残りの枝はすべて切り落とす。

Case 3

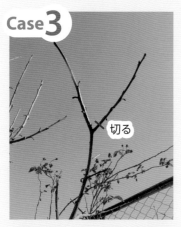

二股に分かれている枝。外側に向かった枝を放置していると広がりすぎるので切り落とす。

Case 4

高さを抑えるため、主枝を切る。横に伸びる枝も広がりすぎないように切り落とす。

Case 5

真上に伸びた勢いのよい徒長枝は、根元から切り落とす。

カキ
保存と料理

甘ガキは生食できますが、渋ガキは渋を抜いてからでないと食べられません。どの程度熟したところで収穫したかにもよりますが、果肉がやわらかくなるほど熟しているときは冷蔵庫で保存します。カキは成熟を促すエチレンガスを放出するため、ヘタを下にしてビニール袋などで保存を。

	保存期間	方法
常温保存	約5日	熟すまで紙に包んで袋に入れる
冷蔵保存	約5日	必ず袋に入れる
冷凍保存	約2か月	カットするかペースト状にする
その他の保存法 (本書で紹介しているもの)		ドライ、葉の塩漬け、柿酢

若葉の利用法

若葉は食べたり、お茶にして飲んだりすることができます。摘果や夏季剪定をしたときなどに摘み取っておきましょう。葉は甘ガキ、渋ガキどちらでもOK。カキの葉にはビタミンCがレモンの20倍も含まれているといわれています。

カキの葉の天ぷら

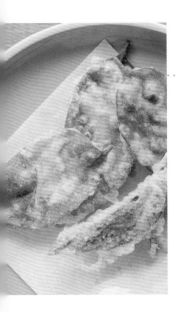

作り方

葉を洗ってから水気をよくふき、衣をつけて170度の油でサクっと揚げる。

カキの葉茶

作り方

1 カキの葉は晴れた日に2～3日、陰干しする。

2 幅2mmに刻み、蒸し器で2分蒸す。

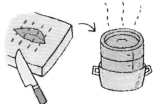

3 葉をザルに広げて干し、乾燥したら缶などで保存する。

渋ガキのおいしい食べ方

寒冷地では渋ガキしか育たず、生育環境によっては甘ガキでも渋が抜けきらないこともあります。渋をうまく抜ければ、甘ガキよりも糖度が高くなる場合も。渋みの原因であるタンニンの働きを封じ込めることで渋抜きができます。渋を抜いておいしく食べられる方法を紹介します。

渋抜き

アルコールにつける
収穫後早いうちにヘタに焼酎などのアルコールをつけて、ビニール袋などに入れて密閉しておきます。品種によって異なりますが、1〜2週間で渋が抜けます。

リンゴと一緒に
渋ガキとリンゴを同じポリ袋に入れ、口をしっかり結んでおくと1週間ほどで渋が抜ける。

簡単ドライ

材料

渋ガキ ──────────────── 適量

作り方

1 皮をむいて縦半分に切り、切り口を下にして5mm程度にスライスする。
2 ザルに並べ、天気のよい日に10日ほど日光に当てる。

甘ガキで作ってもOK。

ドライ

渋ガキをおいしく食べるためなのはもちろんのこと、カキが窓辺に吊された光景は郷愁を誘います。できた渋ガキはそのまま食べるほか、刻んで料理やお菓子作りに使えます。干しガキを作るときは、枝を少しつけたまま収穫しましょう。

天日干し

材料

渋ガキ　　　　　適量

作り方

1 ヘタをつけたまま、皮を細く残しながらむく。
2 ヘタの反対側まですべてむく。
3 残した枝のつけ根をひもで結ぶ。
4 ひもを20cm空けて次のカキを結ぶ。
5 カキ同士がぶつからないようにして、軒下など風通しのよいところに吊り下げる。
6 1か月〜1か月半ほど干し、好みのかたさになったら食べる。

むいた皮は白菜漬けやたくあん漬けに使える

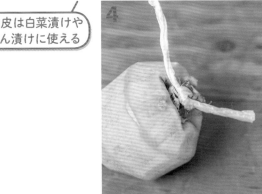

干しガキは、1個ずつラップで包み空気を抜いたフリーザーバックに入れ冷凍すると、半年ほど保存可能。

カキの葉の塩漬け

材料

カキの若葉	適量
水	適量
塩	水の量の25%の量
酢	小さじ1/2
たこ糸	少々

カキの葉には防腐作用があるので、カキの葉寿司に使うほか、弁当に添えても。

作り方

1 若葉を摘んでよく洗う。
2 10枚ずつ束ね、たこ糸で結ぶ。
3 水を張ったバットに**2**を入れ、皿などで重しをする。
4 塩を湯（分量外）でとかして冷ましたものを**3**に入れる。
5 **4**に酢を垂らし入れ4日待つ。

炭酸水やはちみつを入れてドリンクにも

カキ酢

材料

熟したカキ（甘ガキでも渋ガキでも可）———— 適量
煮沸消毒したガラスびん

作り方

1 皮、ヘタ、種を取り除く。
2 **1**を煮沸消毒したガラスびんに入れる。
3 冷蔵庫に4日間入れたのち、常温におく。1か月ほどで柿酢になる。好みの酸味になった果肉を取り出してこし、別のびんに移す。

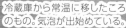
冷蔵庫から常温に移したころのもの。気泡が出始めている。

果肉を取り出してこし、別のびんに移し替えたもの。

白和え

材料

甘ガキ		1個
木綿豆腐		1丁（350g）
	ピーナッツバター	小さじ1
	砂糖	大さじ2
A	だし汁	大さじ2
	薄口しょう油	小さじ2
	塩	ひとつまみ
	インゲン	10本
	シメジ	1パック
B	酒	100cc
	薄口しょう油	大さじ1

作り方

1 豆腐は軽く水気をとり、すり鉢に入れて**A**と混ぜ合わせる。
2 インゲンは、ゆでて2cmくらいに斜め切りする。
3 シメジは、いしづきを取って鍋に入れ、**B**を加えて炒る。
4 カキは短冊切りにしてボウルに入れ、**1**、**2**、**3**を加えて和える。

カキとリンゴのサラダ

材料

甘ガキ	1/2個
リンゴ	1/2個
セロリ	1/3本
クリームチーズ	20g
クルミ	大さじ3
A {グレープシードオイル	大さじ3
レモン汁	大さじ1
塩、コショウ	適量

作り方

1 カキ、リンゴ、セロリ、クリームチーズを角切りにする。
2 Aを混ぜたドレッシングで和える。

シャキシャキとした食感

デザートのような甘み

カキの天ぷら

材料

甘ガキ	1個
生ハム	6〜8枚
揚げ油	適量
天ぷら粉	適量
抹茶塩	適量

作り方

1 水と天ぷら粉を同量ずつ混ぜた、やや濃いめの衣をつけ、油で揚げる。
2 抹茶塩をつけていただく。

カキなます

材料

干しガキ	1個
ダイコン	100g
ニンジン	40g
ユズ	1個
砂糖	大さじ1
ユズの搾り汁	大さじ1
ユズ皮の千切り	小さじ2
塩	ふたつまみ

作り方

1 ボウルにダイコンとニンジンの千切り、塩を入れて混ぜ、10分ほど置く。しんなりしたら、軽く水気を絞る。
2 1に食べやすく切った干しガキ、ユズの搾り汁、砂糖を加えて軽く混ぜる。好みで塩（分量外）をさらに入れてしてもよい。
3 器に盛りつけ、ユズ皮の千切りを散らす。

柑橘類

柑橘類はミカン科のミカン属やキンカン属に属する植物の総称です。
種類が多いため、分類の方法はさまざまですが、
本書ではアマナツ、ヒュウガナツ、オレンジ類などは雑柑として紹介しています。
ハッサクやデコポン、ポンカン類なども雑柑のページを参考にしてください。

		→P98 ウンシュウミカン	→P104 キンカン	雑柑 →P108 アマナツ
難易度		🍊🍊🍊	🍊🍊	🍊🍊🍊
実がつくまで		3〜4年	2〜3年	3〜4年
樹種・樹高		常緑高木・2〜3m	常緑高木・2〜3m	常緑高木・3〜4m
収穫量		普通	普通	普通
寒さ		弱い	弱い	弱い
暑さ		普通	強い	強い
保存	常温	紙に包み風通しのよいところで 約2〜4週間	紙に包み風通しのよいところで 約10日	紙に包み風通しのよいところで 約2週間
	冷蔵	紙に包み袋に入れ野菜室へ 約2週間	紙に包み袋に入れ野菜室へ 約10日	紙に包み袋に入れ野菜室へ 約1〜2か月
	冷凍	皮のまま丸ごと袋に入れる 約3か月	皮のまま丸ごと袋に入れる 約3か月	皮のまま丸ごと袋に入れる 約6か月

病害虫

柑橘類の病害虫被害は共通しています。ほかには、ハダニ、カミキリムシ、かいよう病なども見られます。いずれも被害枝はこまめに取り除きましょう。

アゲハチョウ

幼虫が若木の若葉を食害する。成木や硬い葉は食べない。幼虫を見つけたらすぐに捕殺する。大きく被害を受けた部位は取り除く。

カイガラムシ

白く貝殻状の殻を持っていて枝葉に寄生して樹液を吸い、被害が大きくなると枯れることも。見つけ次第、歯ブラシなどで取り除く。

甘みと酸味

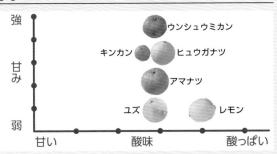

強
甘み
弱

甘い　　酸味　　酸っぱい

ウンシュウミカン
キンカン　ヒュウガナツ
アマナツ
ユズ　　レモン

ランキングベスト3

育てやすさ	耐寒性
1 キンカン	1 ユズ
2 アマナツ	2 ウンシュウミカン
3 ウンシュウミカン	3 アマナツ

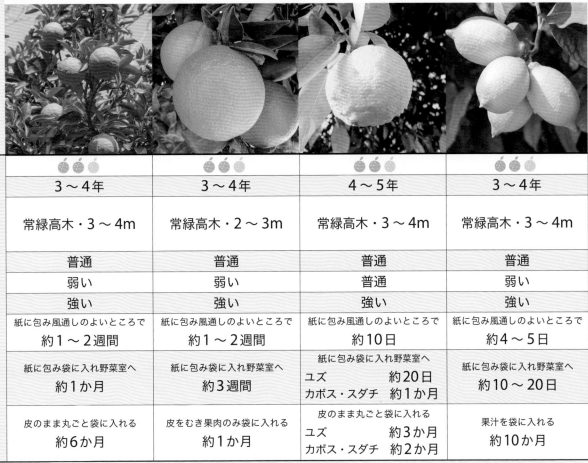

→P108　→P108　→P114　→P120

雑柑 ヒュウガナツ	雑柑 オレンジ類	ユズ・カボス・スダチ	レモン・ライム
3〜4年	3〜4年	4〜5年	3〜4年
常緑高木・3〜4m	常緑高木・2〜3m	常緑高木・3〜4m	常緑高木・3〜4m
普通	普通	普通	普通
弱い	弱い	普通	弱い
強い	強い	強い	強い
紙に包み風通しのよいところで 約1〜2週間	紙に包み風通しのよいところで 約1〜2週間	紙に包み風通しのよいところで 約10日	紙に包み風通しのよいところで 約4〜5日
紙に包み袋に入れ野菜室へ 約1か月	紙に包み袋に入れ野菜室へ 約3週間	紙に包み袋に入れ野菜室へ ユズ　　約20日 カボス・スダチ　約1か月	紙に包み袋に入れ野菜室へ 約10〜20日
皮のまま丸ごと袋に入れる 約6か月	皮をむき果肉のみ袋に入れる 約1か月	皮のまま丸ごと袋に入れる ユズ　　約3か月 カボス・スダチ　約2か月	果汁を袋に入れる 約10か月

ハモグリガ

若い葉や枝に産卵され、ふ化した幼虫が葉の表皮下に侵入し、食害しながらトンネル状の道を作る。被害痕が病気発生源となりやすいので、冬季剪定時に取り除いておく。

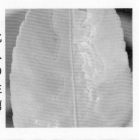

すす病

枝葉や実の表面が黒い菌で覆われ、光合成もできなくなるので樹勢も失われる。害虫のフンなどから発生するので、害虫駆除を徹底する。

ウンシュウミカン

ミカン科ミカン属　原産地／インド北東部

難易度

実がつくまで **4〜5**年

受粉樹
不要

樹種・樹高
常緑高木
2〜3m

隔年結果
しやすい

花 芽
混合花芽

収穫量・耐寒性・耐陰性・耐暑性・病害虫耐性

品種により収穫時期が異なる

　収穫期により早生種、普通種などがあります。庭植えなら、関東以北は極早生や早生種を、関東以南は普通種が適しています。受粉なしで実りますが、摘果は必ず行います。そのままにしていると実が大きくならず、翌年の実つきが悪くなります。

栽培カレンダー

	1月	2月	3月	4月	5月	6月	7月	8月	9月	10月	11月	12月
植えつけ			■■■			■						
枝の管理			■■ 剪定									
花の管理					■■ 摘蕾・摘花							
実の管理							■■ 摘果					
収　穫	■								■■■■■			
施　肥				■ 元肥			■ 追肥					

おすすめの品種

品種名	種類	収穫時期 9月	収穫時期 10月	収穫時期 11月	収穫時期 12月	果実サイズ	特徴
日南1号 (にちなん)	極早生ウンシュウ	■				中	極早生みかんの代表品種。樹勢が強く、実つきがよい。さわやかな甘みで、香り、風味よい。隔年結果はほとんどない。
上野早生 (うえのわせ)	極早生ウンシュウ		■			小	糖度が高い極早生みかんの人気品種。樹勢が強く、栽培しやすい。減酸が早く、早めに色づいてくる。
興津早生 (おきつわせ)	早生ウンシュウ		■			小	甘みと酸味の調和がとれた早生みかんの人気品種。世界で広く栽培されている。樹勢が強く、実つきもよい。
宮川早生 (みやがわわせ)	早生ウンシュウ		■			小	実は大きく、裂果が少ない。甘く濃厚な風味でじょうのう(袋)が薄く食べやすい。耐寒性が強い。
南柑20号 (なんかん)	普通ウンシュウ					中	普通ウンシュウの定番品種。酸味が少なく、糖度が高い。じょうのうは早生種に比べてやや厚いが日持ちがよい。
青島温州 (あおしまうんしゅう)	普通ウンシュウ				■	大	晩生で市販品も最後に出回る品種。実が大きく糖度が高い。貯蔵することで春まで食べられる。隔年結果しやすい。

1 植えつけ

3月▶▶4月　　**6月**

庭植え、鉢植えとも3月上旬〜4月中旬が植えつけ適期ですが、梅雨どきにも植えられます。日当たり、風通し、水はけのよい場所に植えつけます。寒さに弱いので、冬の寒風が当たるところはNG。

庭植え

① 直径・深さとも50cmの植え穴を掘る。
② 掘り上げた土に腐葉土や油かすを混ぜ込む。
③ 植え穴に②を埋め戻す。
④ 苗木を植える。
⑤ 周囲に水鉢を作る。
⑥ 支柱を立てて固定する。
⑦ たっぷり水やりをする。
⑧ 根は乾燥に弱いため、しばらくの間、株元にワラなどをかけておく。

詳しい植え方はP20参照

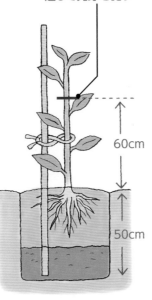

植えつけ後、主幹は60cmの高さで切り返して発芽を促す

60cm

50cm

鉢植え

① 10号以上の鉢を用意し、鉢底石を敷く。
② 緩効性の固形肥料を混ぜ込んだ培養土か、赤玉土と腐葉土を混ぜたものを①に入れる。
③ 苗木を植える。
④ 必要なら支柱を立てて固定する。
⑤ たっぷり水やりをする。
⑥ 暖かい場所に置く。

詳しい植え方はP22参照

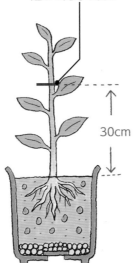

植えつけ後、主幹は30cmの高さで切り返して発芽を促す

30cm

実のつき方を知ろう！

花芽は前年の春枝と前々年の夏枝にでき、前年に実をつけた枝にはつきません。

花芽
前年に実をつけなかった枝の先端と、先端から2〜3芽にできる。

春 勢いのよい枝には実がつかない

実を収穫した枝

秋 春に伸びた枝の先に実がつく

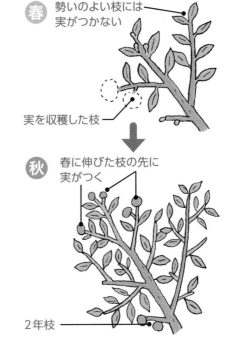

2年枝

ここもポイント

品種の選び方

　ウンシュウミカンは、早生ウンシュウと普通ウンシュウに分けられます。寒冷地では暖かい時期に収穫できる早生種がおすすめ。普通ウンシュウのほうが甘みは強いですが、寒冷地で育てると収穫後の樹勢回復が寒さでうまくいかずに、隔年結果を起こしやすくなるためです。

仕立て方

一般に３本仕立てにします。２年目に伸びる何本かの枝から３本を選んで主枝とします。全体のバランスと枝の勢いをよく見て決めましょう。以降は間引き剪定をしながら、樹形を維持していきます。

※常緑樹ですが、わかりやすいよう、葉は描いていません。

2年目 冬

全体のバランスを見ながら、勢いのよい枝を３本選んで主枝にする。

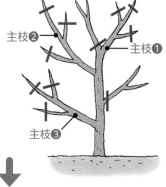

主枝❷　主枝❶　主枝❸

3年目 冬

残した３本の枝から実のなる枝を発生させる。真上に伸びる枝は切り詰めて樹高を抑える。

先端を切り戻す　間引く　先端を切り戻す

4年目 冬

主枝よりも強く育った枝は主枝に変え、主枝でなくなった枝は水平に下げる。

誘引する　誘引する

---

3 **4月▶▶5月**

摘蕾・摘花

株を充実させるために、２年目までは実をならさずに摘蕾か摘花をします。３年目以降は基本的には不要ですが、古い枝に花が密集しているときは、木が弱っているサインなので、摘蕾・摘花をします。

枝にびっしり花がついているときは、摘花をして枝の力を衰えさせないようにする。

生理的落果もある

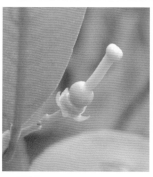

開花後から２週間たったころに、自然に実が落ちる生理的落果が起こります。着果過多となった果樹は、落果させることで実の量を調節しているのです。それでも多すぎることもあるので、摘果も必要。写真下は落果したもの。

4 7月▶▶8月
摘果

実が多くつきやすいため、必ず摘果をします。放置すると、翌年の実りが悪くなりやすい（隔年結果）ので、生理的落果が終わったら、葉20〜30枚につき1個となるようにします。

上向きの実、小さな実、傷のある実、病害虫被害のある実を取り除く。

摘果した実は、カボスやスダチと同じように絞り汁を使える。

5 9月▶▶1月
収穫

品種によって収穫時期は異なり、オレンジ色が濃くなったら収穫します。ただし、極早生種はやや緑色をしていても熟しているので、味見をしながら収穫を。

果柄を多めに残して切り、果柄部分を切り取る。

果柄が残っていると、ほかのミカンを傷つけ、カビを生えやすくする。

教えて! Q&A

Q こんな実は摘実する？

A ゴマのように見えるのは、ヤノネカイガラムシ。繁殖力が旺盛で、枝に密生すると枯れてしまうこともあります。このような実は摘果し、枝に枯れた部分などがないか、よく確かめておくことが大切です。

Q こんな実は食べられる？

A 鳥の食害のようです。食べずに処分したほうがよいでしょう。鳥は実のありかを覚えており、また仲間を連れて飛来します。残りの実が被害を受けないように、網などをかけて防御しておきましょう。

3月▶▶4月

剪定

気温が高くなり、芽が動き出す前の3月上旬〜下旬までのあいだに剪定を行います。晩生種でこの期間にまだ実がついている場合は収穫後、開花前か夏に枝が伸びる前に行います。樹形を整える剪定後、残った枝の先端を切り詰めます。

※常緑樹のため、冬季剪定時も葉をつけていますが、わかりやすいよう、葉を除いて示しています。

①高さや広がりを抑える

管理しやすい高さと幅にするためにも上や横に伸びる枝の先を切り、生長を抑える。

②徒長枝や夏・秋に伸びた枝を切る

真上に勢いよく伸びた枝は根元から切り落とす。夏〜秋に伸びた枝にはよい実がつかないので、切っておく。

③枯れ枝を切り取る

寒さで枯れてしまうことが多いので、見つけたら切っておく。

夏〜秋に伸びた枝は、枝先1/3程度を切る

④被害枝を切り取る

害虫は越冬し、翌年繁殖してしまうので切り落としておく。

▶写真はハモグリガの被害を受けた葉。枝ごと切り落としておく。

▼害虫の卵を発見したときは、歯ブラシなどでこすり落としておく。

ここもポイント

枝の見分け方

春に伸びた枝からさらに夏以降に伸びる枝にはよい実がつかないので、切り返します。春に伸びた枝の先端に花芽が輪状に集まった芽があり、そこから上が夏以降に伸びた枝。芽の上を切り落とします。

春に伸びた枝

輪状芽

夏以降に伸びた枝

⑤込み合った枝を切る

枝が込み合っていると風通しが悪く、病害虫被害を受けやすくなる。

ウンシュウミカン の 料理

ミカンの シロップ漬け

材料
ミカン	4個
グラニュー糖	75g
水	200g

作り方
1 ミカンは皮と薄皮をむく。
2 鍋に水とグラニュー糖をひと煮立ちさせてシロップを作り、常温に冷ます。
3 1と2を混ぜる。

丸ごとミカンゼリー

材料
ウンシュウミカン	4個
ゼラチン(50ccの水でふやかしておく)	10g
砂糖(好みで量は調節する)	大さじ4

作り方
1 ミカンの上1/5のところを切って実を出し、果汁を搾り、計量する。
2 皮の容器に水を入れ、計量する。
3 果汁の分量を引いた容量の水を小鍋に入れ、砂糖を入れて沸騰前に火を止める。ゼラチンを入れ、溶けたら粗熱を取り、果汁を加える。
4 少し冷やしてとろみがついたら皮の容器に移し、切り取ったふたをして冷やし固める。
5 ミカンの皮をむいて食べる。

ミカンシロップ ジュース

材料
ミカンのシロップ漬けのミカン	2個
ミカンのシロップ漬けのシロップ	50cc
水または炭酸水	

作り方
コップに材料をすべて注ぎ、混ぜ合わせる。

ミカンジュース

材料
ミカン	2個

作り方
1 ミカンは皮と薄皮をむく。
2 1をふきんで搾るか、ジューサーにかける。好みではちみつや砂糖を入れる。

チンピ

材料
ミカン	5個

ビンに入れて1年ほど保管できる。

作り方
1 ミカンの皮をむき、ザルに入れて日当たりのよい場所に置き、乾燥させる。
2 使うときにコーヒーミルなどで粗く粉にする。

キンカン

ミカン科キンカン属　原産地／中国

難易度	🍊🍊🍊
実がつくまで	3~4年
受粉樹	不要
隔年結果	しにくい
樹種・樹高	常緑高木 2~3m
花芽	混合花芽

収穫量・耐陰性・病害虫耐性・耐暑性・耐寒性

手入れが楽な柑橘類の入門果樹

　樹高が低くて手入れがしやすいばかりでなく、剪定にあまり気を遣う必要がないため、初心者におすすめです。鉢植えでもたくさんの実の収穫が楽しめます。最近では甘みの強いおいしい品種も増えてきました。花が年に2～3回咲きます。

栽培カレンダー

	1月	2月	3月	4月	5月	6月	7月	8月	9月	10月	11月	12月
植えつけ				███████								
枝の管理			███ 剪定									
花の管理		開花・人工授粉				████			████			
実の管理								██	摘果 ███			
収　穫	██████████											██
施　肥			元肥 ████		追肥 ████							

おすすめの品種

品種名	収穫時期			特徴
	1月	2月	3月	
ニンポウキンカン	████			別名はネイハキンカン、メイワキンカン。甘みが強く、隔年結果しにくい。家庭栽培の代表品種で、市販品もほぼこの品種。
ぷちまる	████			ニンポウキンカンとナガミキンカンの交配種。甘みが強くて種も少ないため、生食もしやすい。
ナガミキンカン	████			ナガキンカンとも呼ばれる。楕円形の実をしていて、酸味、苦みもあるため、甘露煮など加工に向く。
福寿（ふくじゅ）	████			ナガミキンカンの園芸種。ほかのキンカンよりも実が一回り大きい。コンパクトに育てやすい。種は多い。
スイートシュガー	████			酸味がとても強いオオミキンカンの園芸種。とても甘みが強く人気が高い。

1 3月▶▶5月
植えつけ

春、気温が高くなってから、日当たり、風通しのよいところに植えつけます。ほかの柑橘と同様、冬の寒さは苦手なので寒風が当たるところは避けます。暑さには比較的強いので、西日の当たる場所でも。

庭植え

① 直径・深さとも50cmの植え穴を掘る。
② 掘り上げた土に腐葉土や油かすを混ぜ込む。
③ 植え穴に②を埋め戻す。
④ 深植えにならないようにして、苗木を植える。
⑤ 周囲に水鉢を作る。
⑥ 支柱を立てて固定する。
⑦ たっぷり水やりをする。

詳しい植え方はP20参照

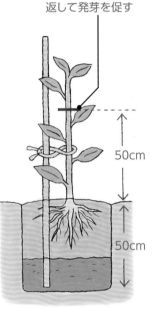

植えつけ後、主幹は50cmの高さで切り返して発芽を促す

50cm

50cm

鉢植え

① 10号以上の鉢を用意し、鉢底石を敷く。
② 緩効性の固形肥料を混ぜ込んだ培養土か、赤玉土と腐葉土を混ぜたものを①に入れる。
③ 根を広げるようにしてやや浅植えになるよう、苗木を植える。
④ 必要なら支柱を立てて固定する。
⑤ たっぷり水やりをする。
⑥ 日当たりのよい場所に置く。

詳しい植え方はP22参照

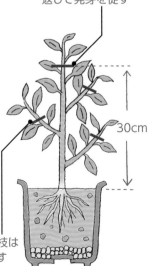

植えつけ後、主幹は30cmの高さで切り返して発芽を促す

30cm

主幹から出た枝は先端を切り返す

2
仕立て方

よい実をたくさんつけたい場合は、ホウキを逆にしたような形「ホウキ仕立て」にします。枝が放射状に発生するので、混み合わないように注意します。とくに手をかけなくても自然にまとまります。

庭植え

※常緑樹ですが、わかりやすいよう、葉は描いていません。

主枝を3本程度決めて、不要な枝を間引くようにする。コンパクトに育てたいときは主幹を1mのところで切っておく。

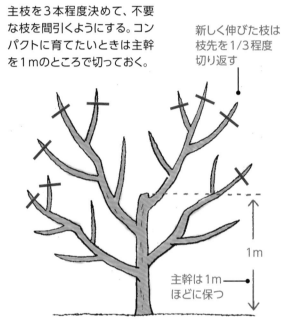

新しく伸びた枝は枝先を1/3程度切り返す

1m

主幹は1mほどに保つ

鉢植え

込み合ったところを間引くだけで自然な樹形にまとまる。主幹は50cmのところで切り返し、高さは維持する。

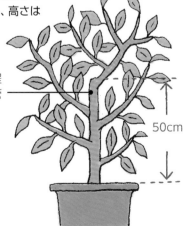

主幹は50cm程度にしておくと管理しやすい

50cm

3

5月▶▶8月、10月 +プラスワン

開花・人工授粉

2年目から花が咲くこともありますが、幼木のうちは株を育てるために摘蕾をするとよいでしょう。1本でも結実するので、基本的に人工授粉は必要ありませんが、虫が少ないところなら筆先で授粉を。

年に3回、ほかの柑橘と同様に白い小さな花をつける。

実のつき方を知ろう！

柑橘類の実のつき方はほぼ共通ですが、キンカンだけは違いがあります。ほかの柑橘類は混合花芽がつき、そこから新しい枝が伸びていきますが、キンカンの芽はすべて葉芽です。新しい枝を伸ばしながら花芽がつき、葉の腋に開花します。

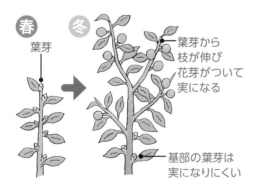

春　葉芽

冬

葉芽から枝が伸び花芽がついて実になる

基部の葉芽は実になりにくい

4

8月▶▶9月 **11月**

摘果

実をおいしく食べたい場合は、夏期に咲いた花が結実したものを残して摘果しましょう。傷のある実、小さな実などから摘果します。

摘果する

庭植えの場合なら長さ20～30cmの枝に2～3個、鉢植えの場合は1鉢で20～30個を目安に。

5

12月▶▶3月

収穫

11月下旬ごろから順次、色づいてきます。実がオレンジ色に熟したものからハサミで摘み取っていきます。株を疲れさせないために、年明けくらいまでには収穫するとよいでしょう。

開花時期によって実の色づき具合にズレがある。

3月

剪定

寒い時期に剪定をすると株が弱るため、暖かくなってきた3月に行います。キンカンは枝先を切っても実がつかなくなることはないので、刈込バサミで樹冠に沿って刈り込むこともできます。不要枝や混み合った枝を間引きしたあとに、樹形を整えるように刈り込みしましょう。

※常緑樹のため、冬季剪定時も葉をつけていますが、わかりやすいよう、葉を除いて示しています。

①枯れ枝を取り除く

奥のほうに枯れた枝が多くみられるので、根元から切り取る。残しておくと病害虫の原因に。

②込み合ったところを間引く

内部にも光や風が届くように、込み合っている部分を間引く。

③徒長枝を間引く

真上に勢いよく伸びている枝は根元から切り取る。

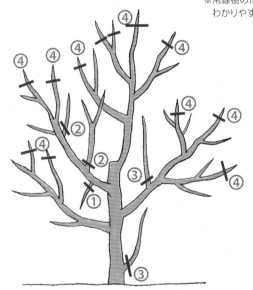

④樹形を整える

花芽はついていないので、神経質にならずに樹形を整える。

キンカンの料理

キンカン酒

材料
キンカン	1kg
氷砂糖	300g
果実酒用ブランデー	180cc
レモン	1個

作り方
1 キンカンを一晩水につけ、ヘタを取って水分をふく。
2 消毒したびんにきんかんと氷砂糖を交互に入れる。
3 レモンの皮を暑くむき、クシ切りにして2に入れる。
4 ブランデーを注ぎ入れ、冷暗所に置く。1か月たったら実を取り出す。

キンカンの甘露煮

材料
キンカン	10個
三温糖	150g

作り方
1 キンカンは洗って水気をふき、包丁で縦に4か所切り込みを入れる。種を取り出してもよい。
2 たっぷり水を入れた1を鍋に入れ、沸騰したら水に取り、そのまま1〜2時間漬けておく。
3 鍋に2と三温糖の半量、キンカンがかぶる程度の水を入れて、中火で10分煮る。
4 残りの三温糖を入れ、弱火でつやが出るまで煮る。

雑柑 （アマナツ・ヒュウガナツ・オレンジ類など）

ミカン科ミカン属　原産地／インド、日本

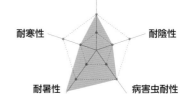

難易度	●●●
実がつくまで	4〜5年
受粉樹	品種による
隔年結果	しにくい
樹種・樹高	常緑高木 3〜4m
花芽	混合花芽

レーダーチャート：収穫量／耐陰性／病害虫耐性／耐暑性／耐寒性

品種が増え、苗木も広く流通

　ナツミカンの仲間で、人工交雑により生まれた柑橘を雑柑類と呼んでいます。品種が多く苗木も広く流通していますが、ウンシュウミカンよりも寒さに弱く、1本では実らない品種もあるので注意を。オレンジ類の管理もおおむね雑柑類に準じます。

栽培カレンダー

	1月	2月	3月	4月	5月	6月	7月	8月	9月	10月	11月	12月
植えつけ			■	■								
枝の管理				剪定								
花の管理					開花（人工授粉）							
実の管理								摘果（夏果）				
収穫												■
施肥				元肥		追肥						

おすすめの品種

品種名	種類	収穫時期						果実サイズ	特徴
		12月	1月	2月	3月	4月	5月		
アマナツ	ナツミカン類	■						大	ナツミカンの変種。実が大きくなり、手間がかからないが、大木になる。実をつけたまま越冬し、酸の抜けは遅い。
ハッサク	ナツミカン類	■	■					大	果汁は少なめだが、張りのある口当たりで風味がよい。樹勢が強く、大木になる。アマナツ、ヒュウガナツを受粉樹に。
ヒュウガナツ	ヒュウガナツ類					■		中	別名ニューサマーオレンジ、小夏。苦みのない白いワタごと食べる。アマナツ、ハッサクを受粉樹にする。
ネーブルオレンジ	オレンジ類			■				中	甘みは強いが酸味もあり、香りがよい。果頂部にへそのようなへこみがあるのが特徴。日持ちがしにくい。
不知火	タンゴール類	■	■					中	デコポンとも呼ばれる。多汁で甘味が強い。皮は紫色で果肉は紅色。熟しても裂果しないため、虫や菌などの影響を受けにくい。
はるみ	タンゴール類		■					小	コンパクトに育てやすい。甘みが強く、水分が減り実がスカスカになる「す上がり」にもなりにくい。実がつきやすいので摘果を。

1 3月▶▶4月 植えつけ

寒さが過ぎてから植えつけます。それより前に苗を購入していた場合も、この時期を待って植えつけます。南向きで冬の寒風が当たらない場所へ。関東以北では防寒するか、鉢植えで育てましょう。

庭植え

❶ 直径・深さとも50cmの植え穴を掘る。
❷ 掘り上げた土に腐葉土や油かすを混ぜ込む。
❸ 植え穴に❷を埋め戻す。
❹ 深植えにならないようにして、苗木を植える。
❺ 周囲に水鉢を作る。
❻ 支柱を立てて固定する。
❼ たっぷり水やりをする。

詳しい植え方はP20参照

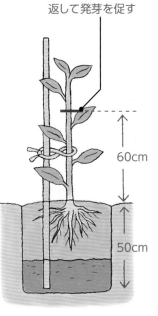

植えつけ後、主幹は60cmの高さで切り返して発芽を促す

60cm

50cm

鉢植え

❶ 10号以上の鉢を用意し、鉢底石を敷く。
❷ 緩効性の固形肥料を混ぜ込んだ培養土か、赤玉土と腐葉土を混ぜたものを❶に入れる。
❸ 苗木を植える。
❹ 必要なら支柱を立てて固定する。
❺ たっぷり水やりをする。
❻ マイナス10度を下回るときや風が強いときは屋内に。

詳しい植え方はP22参照

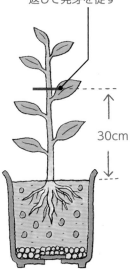

植えつけ後、主幹は30cmの高さで切り返して発芽を促す

30cm

2 仕立て方

ウンシュウミカンと同様に、一般には主枝3本をバランスよく配した3本仕立てにするとよいでしょう ➡P100 。樹勢のあまり強くないタンゴール類は主枝を2本伸ばす2本仕立てにしてもOK。

2本仕立て

Yの字の形になるように、主枝を伸ばす。必要なら誘引してY字形にする。生育した側枝が混み合ってきたら、適宜間引く。

※常緑樹ですが、わかりやすいよう、葉は描いていません。

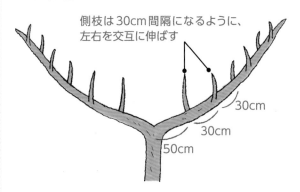

側枝は30cm間隔になるように、左右を交互に伸ばす

30cm
30cm
50cm

3本仕立て

勢いのある枝を3本選んで主枝にし、実のなる枝を発生させる。鉢植えの場合にもおすすめの仕立て。

斜め上に伸ばして側枝を多く発生させる

7月▶▶8月

摘果

1本で実をつける品種のものは実つきがよすぎるため、生理的落果 ➡P100 が終わったら、摘果をします。上向きの実、小さな実、傷や病害虫被害のある実から取り除きます。

木を弱らせないためにも摘果が必要。

実がまだ小さなうちなら、手でつまんで摘果できる。

残した実は大きく生長していく。

大きくなった実がだんだんと色づく。

摘果の目安

品種名	個数
ナツミカン	葉70～80枚につき1果
アマナツ	
イヨカン	
ハッサク	葉50～60枚につき1果
ヒュウガナツ	
オレンジ類	
デコポン	
清見	
はるみ	

実のつき方を知ろう！

前年の春に伸びた枝の先端や中間に混合花芽ができ、花芽からその年に伸びた枝に花と実がつきます。前年に実をつけた枝には花芽はつきません。

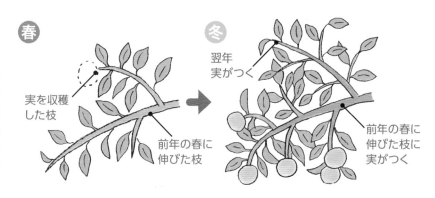

春
実を収穫した枝
前年の春に伸びた枝

冬
翌年実がつく
前年の春に伸びた枝に実がつく

4 12月▶▶5月
収穫

品種によって収穫時期が異なります。12月に着色していても、酸が抜けるまでに時間がかかるものもあります。関東以南ではそのまま木にならせておいてもよいのですが、関東以北では寒くならないうちに収穫し、貯蔵しておきます。

果柄をハサミで切る。

ヘタギリギリのところで果柄を切り落とす。

高いところの実は高枝切りバサミを使って枝ごと切り、下ろしてから1つずつハサミで切る。

ここもポイント
木にならせておく場合

酸が抜けるまでに時間がかかるものは収穫してから貯蔵するか、そのまま木にならせておいて酸が抜けるのを待ちます。木にならせておくときは、冬に水分が一度抜け、4月以降に再び水分が増し、みずみずしくなります。

品種	収穫期	食べごろ
イヨカン	12月下旬～1月上旬	2月上旬～3月下旬
不知火	1月下旬～2月下旬	3月上旬～4月下旬
清見	2月中旬～3月上旬	3月上旬～5月上旬
せとか	2月上旬～3月下旬	3月上旬～4月下旬
ハッサク	1月上旬～1月下旬	3月中旬～5月上旬
アマナツ	1月上旬～5月上旬	4月上旬～6月中旬
はるか	2月上旬～2月中旬	2月上旬～3月上旬
ヒュウガナツ	4月下旬～5月中旬	4月下旬～7月中旬

教えて！Q&A

Q 古くからあるナツミカンに実がつかなくなった

A その木に花はついていますか？　上の写真のように葉が旺盛に茂っているのに花がついていない場合は樹勢が強すぎて花芽がうまく分化していない可能性があります。施肥を抑えて剪定も控えめにして樹勢を落ち着かせましょう。花がつくようになったら別品種の花粉で人工授粉をしてみても。

Q 一度すべてオレンジ色になったのに、再び緑色が増してきた

緑色に戻った部分

A 初夏以降に収穫する品種のなかには、オレンジ色に着色したあと、少し緑色に戻ってしまうことがあります。一度分解していた葉緑素が、暖かくなって再び合成されるようになるためです。青みが増しても、味に問題はありません。

剪定

本格的な剪定は4年目以降に行います。1～2月に混合花芽ができ、花芽とわかるようになる3月に行いましょう。まだ実をつけている場合は、大まかな間引き剪定を行うくらいにとどめ、細かな剪定は収穫後すぐに行います。

※常緑樹のため、冬季剪定時も葉をつけていますが、
　わかりやすいよう、葉を除いて示しています。

①上、左右への広がりを抑える

それ以上大きくしたくないときは、木の分岐部分で、切り残しのないように切る。

②枯れ枝を切り取る

枯れた枝は切り取り、風通しをよくして病害虫の発生を防ぐ。病害虫による枯れ枝を見つけたら、3月以外でもすぐに取り除く。

④弱い枝、たくさん発生している枝を切る

主幹や主枝からたくさん吹き出している弱い枝や、同じところからたくさん発生している枝は切る。

③徒長枝、交差枝を間引く

真上に伸びた徒長枝や交差している枝はつけ根から切り取る。

込み合った部分は、将来、実をならせる予定のない徒長枝などから切っていく。

少し残す

幹や太い枝から生えた枝をつけ根から切るときは、写真の位置で。少し残した部分には養分が豊富で切り口がふさがりやすい。

雑柑 の 料理

ナツミカン・アマナツ・ハッサク

ピール

材料

好みの雑柑の皮
　　　——— 4個 (300g程度)
砂糖 ——— 300g (皮と同量)
ミカンジュース ——— 200g

作り方

1 包丁でアマナツの皮の表皮を薄くそぎ、水洗いしておく。
2 鍋に水をたっぷり入れ、煮て水にさらす。この作業を3回行う。皮が透き通った感じになり、食べてみて苦味がなければOK。
3 皮、ミカンジュース、砂糖を鍋に入れ、煮立ったら半日置き、また煮立てるという作業を3日くり返す。煮汁がほとんどなくなるまで行う。
4 そのままバットに並べ、乾燥させる。

※食べるときに好みでグラニュー糖(分量外)をまぶす。冷蔵庫で半年以上保存可能。

雑柑入りサラダ (2人分)

材料

好みの雑柑
薄皮をむいた果肉1/2個分
雑柑果汁 ——— 60cc
鶏胸肉 ——— 100g(ゆでておく)
レタス ——— 3枚
ゴルゴ ——— 1/2個
オリーブオイル ——— 大さじ1.5
塩、コショウ ——— 適宜

作り方

1 洗って水気を切ったレタスをちぎりながらお皿に並べ、手で割いた鶏肉と果肉をこんもりと盛る。ゴルゴは皮をむき薄くスライスして並べる。
2 果汁とオリーブオイルを混ぜ合わせ、塩、コショウで味を調えてから1にかける。

ヒュウガナツ

お造り

材料

ヒュウガナツ ——— 1個

作り方

1 ごく薄く表皮をむく。
2 白いワタごと薄切りにして皿に並べていく。
3 梅しょう油、粉トウガラシを加えたしょう油で食べるとさらにおいしい。マグロなどの刺身と交互に並べてもよい。

酢の物 (2人分)

材料

ヒュウガナツ搾り汁
　　　——— 100cc
キュウリ ——— 1本
ゆでダコ ——— 40g
塩 ——— ひとつまみ
ショウガ ——— 千切りにしたもの1かけ分

作り方

1 キュウリは塩をまぶし、板ずりしてしんなりさせる。蛇腹に包丁目を入れ、3cmぐらいに切る。ゆでダコは乱切りにする。
2 ヒュウガナツの搾り汁に塩を入れたものに1を和え、容器に盛りつけ、ショウガをのせる。

ドレッシング (2人分)

材料

ヒュウガナツ搾り汁 ——— 100cc
サラダ油 ——— 30cc
塩 ——— 小さじ1
薄口しょう油 ——— 小さじ1

作り方

材料をすべて混ぜ合わせる。

サラダや
カルパッチョに

ユズ・カボス・スダチ

ミカン科ミカン属　原産地／中国

難易度

実がつくまで
4～5年

受粉樹
不要

樹種・樹高
常緑高木
3～4m

隔年結果
しやすい

花芽
混合花芽

（レーダーチャート）収穫量・耐陰性・病害虫耐性・耐暑性・耐寒性

育てやすく庭に1本あれば重宝する

　果肉だけでなく、果皮も果汁も使え、庭に1本あると重宝します。柑橘類のなかでは耐寒性があり、庭植え栽培の北限は東北南部です。鋭くて硬いトゲがあるので作業中は注意を。枝を横に広げるように誘引して育てると、実つきがよくなります。

栽培カレンダー

	1月	2月	3月	4月	5月	6月	7月	8月	9月	10月	11月	12月
植えつけ			■									
枝の管理				剪定								
花の管理					■ 開花・人工授粉							
実の管理						■		摘果				
収穫								■				
施肥				元肥	追肥							

おすすめの品種

品種名	収穫時期				果実サイズ	種の有無	特徴
	9月	10月	11月	12月			
多田錦（ただにしき）	■				小	種なし	実はやや小ぶりだが、ジューシー。トゲが少なく、耐寒性も強いため育てやすいことから、苗木で多く出回っている品種。
山根（やまね）			■		中	種あり	実が大きくてジューシー。トゲは少ないが、耐寒性はやや弱い。隔年結果になりにくい。
ハナユ			■		小	種あり	別名一才（いっさい）ユズ。実はホンユズよりひと回り小さく、ホンユズより早くから実をつける。花の香りも強いのが特徴。
木頭（きず）			■		中	種あり	香りがよく、酸味が強い。皮は肉厚で鮮やかな黄色。
ホンユズ（本ユズ）			■		中	種あり	いわゆるユズ。耐寒性がもっとも高く、栽培しやすい。高い香りを持つ。

ここもポイント

ユズの仲間

ユズは果皮や果汁を利用する香酸柑橘(こうさんかんきつ)の一種で、その仲間にはハナユ、スダチ、カボスなどがあります。完熟時期にやや差はありますが、育て方は同じです。

カボス

耐寒性はやや劣る。スダチよりひと回り大きい。

スダチ

カボスとともに主に青果の果汁を使う。鉢栽培にもおすすめ。

シークワーサー

薬味のほかジュースとしても利用される。

ハナユ

実はやや小ぶりだが、植えつけから結実までが短い。

ブッシュカン

名前は果実の形が仏様の手になぞらえたもの。主に観賞用で寒さに弱い。

1　3月

植えつけ

暖かくなってくる3月に入ってから植えつけます。柑橘類のなかではもっとも耐寒性があるため、東北地方南部でも越冬が可能です。日当たり、風通しがよい場所に植えつけましょう。日当たりは好むものの、夏の西日は避けましょう。

庭植え

① 直径・深さとも50cmの植え穴を掘る。
② 掘り上げた土に腐葉土や油かすを混ぜ込む。
③ 植え穴に②を埋め戻す。
④ 深植えにならないようにして、苗木を植える。
⑤ 周囲に水鉢を作る。
⑥ 支柱を立てて固定する。
⑦ たっぷり水やりをする。

詳しい植え方はP20参照

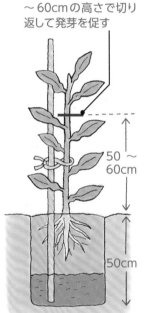

植えつけ後、主幹は50〜60cmの高さで切り返して発芽を促す

50〜60cm

50cm

鉢植え

① 10号以上の鉢を用意し、鉢底石を敷く。
② 緩効性の固形肥料を混ぜ込んだ培養土か、赤玉土と腐葉土を混ぜたものを①に入れる。
③ 苗木を植える。
④ 必要なら支柱を立てて固定する。
⑤ たっぷり水やりをする。

詳しい植え方はP22参照

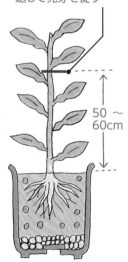

植えつけ後、主幹は50〜60cmの高さで切り返して発芽を促す

50〜60cm

2 仕立て方

ユズは直立性で大木に育ちやすい果樹です。最終的には3本仕立てにしますが、若木のうちは主枝は直立させ、植えつけから3〜5年たって実をつけるころからは枝を誘引させると、樹勢が落ち着き、実つきもよくなります。

庭植え　※常緑樹ですが、わかりやすいよう、葉は描いていません。

実がつくようになったら主枝を3本選んで斜めに立て、主幹は短く切り詰める。横に広がる枝は誘引して寝かせる。

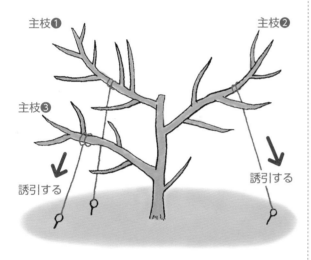

主枝❶　主枝❷
主枝❸
誘引する　誘引する

鉢植え

庭植えと同様に横に広がる枝を誘引する。枝にひもを結び、鉢に巻いたひもに結びつける。

誘引する
鉢に巻いたひもに誘引したひもを巻きつける

3 開花・人工授粉
5月　プラスワン

ほかの柑橘類と同じような可憐な白い花をつけます。1本で結実するため、人工授粉の必要はありません。開花すると、庭がさわやかな香りに包まれます。

ユズの花。実つきをよくしたいとき、虫が少ない場所などでは、筆先で花の中を軽くかき回しておくと確実。

実のつき方を知ろう！

ほかの柑橘と同じように、前年の春に伸びた枝に混合花芽をつけ、そこから伸びた枝の先端とわき芽に花がついて実を結びます。

春　花芽がつく　秋　花芽から伸びた枝
前年に伸びた枝

4 6月▶▶9月

摘果

ユズは隔年結果を起こしやすいので、実が多くついたときは摘果が必要です。生理的落果 ➡P100 が止まったら行います。6月には小さい実や傷ついた実などを取り除き、8〜9月に仕上げとして適数に摘果するとよいでしょう。

ユズは葉10枚につき1個になるように摘果する。スダチやカボスは5〜10枚の葉に1個が目安。

やりがちな失敗！

高木になり実が高いところばかりにつく

あまりに高木になってしまうと収穫ができません。このようなときは、思い切って、主幹を手の届く位置で切りましょう。1〜2年は実をつけないことが多いですが、その後伸びた新しい枝に実がつき始めます。こうなってしまう前に、早めに主幹を切って、横に広げるようにしておくことが大切です。

ここもポイント

トゲに注意！

柑橘類の多くにはトゲがありますが、中でもユズのトゲは硬く鋭いものです。実や葉がトゲに当たると傷んで病気が発生することも。ニッパーなどでまめに取り除いておきましょう。

トゲも若いうちはまだ柔らか。気づいたら早めに取り除く。

実が熟すころには硬く鋭いトゲに。収穫時の妨げになる。

摘果した実を活用する

摘果したユズは青ユズとも呼ばれ、果皮や果汁が利用できます。仕上げの摘果をしたら、その実を香りづけや薬味などに使うとよいでしょう。ユズコショウ ➡P119 を作ることもできます。

5 🌱 ＜8月▶▶12月＞ 収穫

果皮や果汁だけを使う場合はまだ青いうちから適時収穫できます。実も使う場合は、黄色に色づいたものを収穫しましょう。実は霜に当たると傷みやすいので、寒冷地では早めの収穫を心がけましょう。

実の近くに鋭いトゲが隠れていることがあるので、収穫時は手袋をすると安心。

高い位置にある実の収穫には高枝切りバサミが便利。

病害虫

ユズによくみられる斑点はウイルスによる病気で、9月〜10月ごろに多く発生する。

かいよう虎斑病（こはん）
接ぎ木から伝染したり、アブラムシの媒介によって広がったりする。食用に害はないが、見た目によくないので、アブラムシの発生には注意しておく。

6 🌱 ＜3月＞ 剪定

極寒期は避け、3月になったら剪定を行います。花芽は枝の先につくので、切り戻しはあまり行わずに、樹形を整える程度にして、不要な枝の間引きを中心に行いましょう。

※常緑樹のため、冬季剪定時も葉をつけていますが、わかりやすいよう、葉を除いて示しています。

剪定時にはトゲに気をつける。

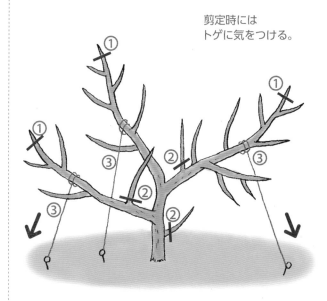

①樹形を整える
長く伸びすぎた枝は1/2程度に切り詰めるものの、全体的には強剪定はしない。

②不要な枝を間引く
込み合ったところ、徒長枝、交差枝、枯れた枝などを間引く。

③誘引する
樹勢を抑え、実つきをよくするために主枝が横に開くように誘引する。花や実があまりつかないときは、切り返し剪定をして枝の数を増やしてから誘引する。

ユズ の 料理

> 焼き菓子に
> 加えたり
> 紅茶に入れても

マーマレード

材料

ユズ（よく洗い、ひと晩
水に浸けてアクと表皮
の苦味を取っておく）
──────────── 400g
氷砂糖、砂糖 ── 各150g
水 ───────── 2カップ

作り方

1 ユズを四つ割りにして、種を取る。
2 皮は薄切りにする。
3 鍋に水を入れて皮がすき通るまでゆで、砂糖、氷砂糖、1を入れて好みの固さになるまで煮る。

ユズポン酢

材料

ユズの搾り汁、しょう油 ─ 各30cc
みりん ─────────── 20cc

作り方

すべての材料を混ぜ、茶こしでこす。

ユズコショウ

材料

青ユズ ──────────── 5個
青唐辛子 ─────────── 10本
粗塩 ───────────── 12g

作り方

1 青ユズは、白いワタも少し一緒に入れて表皮をむく。
2 青唐辛子はヘタを切った後、縦半分に切って種を取り、小口切りにする。
3 1と2、塩をフードプロセッサーで混ぜ合わせる。

> ハチミツを
> 入れても
> おいしい

ユズ茶

材料

ユズ、氷砂糖
──────── 各450g

作り方

1 ユズを四つ割りにして、皮をむく。
2 果実はざく切りにし、皮は薄切りにしてびんに氷砂糖と交互に漬け込む。
※湯や炭酸水などで割って飲む。

レモン・ライム

ミカン科ミカン属　原産地／インド

難易度	実がつくまで	受粉樹
	3〜4年	不要

樹種・樹高		隔年結果
常緑高木 3〜4m		しやすい
		花芽 混合花芽

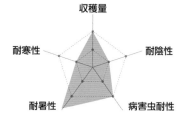

収穫量
耐寒性　耐陰性
耐暑性　病害虫耐性

寒さと風に弱いので栽培場所に配慮する

　上手に栽培すると初夏〜秋に2〜3回開花・結実しますが、通常は初夏の花が結実した秋果を楽しみます。寒さに弱いので、環境に合う品種選びが大切です。ライムも育て方は同じですが、ライムは完熟すると落果しやすいので青いうちに収穫します。

栽培カレンダー

	1月	2月	3月	4月	5月	6月	7月	8月	9月	10月	11月	12月
植えつけ			▬									
枝の管理				剪定								
花の管理					▬						開花・人工授粉	
実の管理							摘果					
収　穫	▬								▬			
施　肥				元肥			追肥					

おすすめの品種

	品種名	収穫時期								果実サイズ	特徴
		9月	10月	11月	12月	1月	2月	3月	4月		
レモン	リスボン		▬	▬	▬					中	日本の主要な品種。実つきがよく、ジューシーでレモンらしい酸味。トゲが多く、樹勢は強い。
	ユーレカ		▬	▬	▬					中	世界で広く栽培されている。果汁が多く、香りもよい。耐寒性は弱い。
	マイヤーレモン		▬	▬	▬					中	オレンジとの自然交雑で生まれたといわれ、果皮もオレンジ色。小ぶりだが、酸味が少なくまろやか。耐寒性は強い。
	ラフマイヤー		▬	▬	▬					中	マイルドな酸味。病気に強く、コンパクトで育てやすい。鉢植えにも向く。
ライム	タヒチ・ライム	▬	▬	▬						小	耐寒性があり、日本でも多く栽培されている。果汁が多く、種も少ない。トゲはない。
	メキシカン・ライム	▬	▬	▬						小	ライムの定番品種。小ぶりだが果汁が多く、風味も豊か。耐寒性が弱く、暖地向き。

1　3月　植えつけ

柑橘類のなかでもっとも寒さに弱いので、3月になってから植えつけます。−3℃を下回る地域では鉢植えで育てます。風が当たらなくて、冬でも暖かい日当たりのよい南向きの場所に植えつけましょう。

庭植え

① 直径・深さとも50cmの植え穴を掘る。
② 掘り上げた土に腐葉土や油かすを混ぜ込む。
③ 植え穴に②を埋め戻す。
④ 深植えにならないようにして、苗木を植える。
⑤ 周囲に水鉢を作る。
⑥ 支柱を立てて固定する。
⑦ たっぷり水やりをする。

詳しい植え方はP20参照

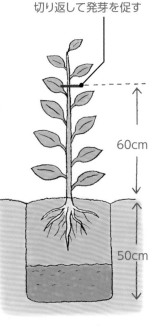

主幹は60cmの高さで切り返して発芽を促す

60cm

50cm

鉢植え

❶ 8号以上の鉢を用意し、鉢底石を敷く。
❷ 緩効性の固形肥料を混ぜ込んだ培養土か、赤玉土と腐葉土を混ぜたものを❶に入れる。
❸ 苗木を植える。
❹ 必要なら支柱を立てて固定する。
❺ たっぷり水やりをする。
❻ 風の当たらない暖かい場所で育てる。

詳しい植え方はP22参照

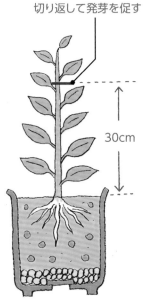

主幹は30cmの高さで切り返して発芽を促す

30cm

2　仕立て方

樹勢が強いので、主枝を2本伸ばして育てる2本仕立てが一般的。樹勢の強い品種や栽培環境のよいところでは3本仕立てでも。枝を誘引すると、花芽がつきやすくなり、結実が早まります。

庭植え

主枝を2〜3本に決め、不要な枝は間引く。ひもで誘引して枝をできるだけ広げると、樹勢が抑えられて実つきがよくなる。

※常緑樹ですが、わかりやすいよう、葉は描いていません。

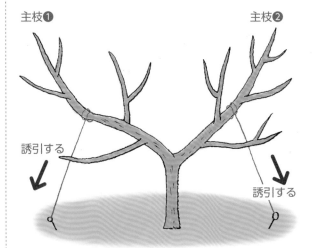

主枝❶　　　主枝❷

誘引する　　　誘引する

鉢植え

3本仕立てにしていくとバランスよく育てられる。誘引する場合は枝に結んだひもを、鉢の周囲に巻いたひもに巻きつける。

誘引する

鉢に巻いたひもに誘引したひもを巻きつける

3 5月▸▸10月
開花・人工授粉 <small>*人工授粉は 5月〜6月</small>

年に3回開花します。5〜6月に開花したものは秋に収穫できる秋果、7〜8月に開花したものは冬に収穫する冬果、9〜10月に開花したものは春に収穫する春果となります。

白〜紫色がかった小さな花をたくさんつける。筆先でかき回して人工授粉すると実つきがよくなる。香りがよく、紅茶に浮かべるのもおすすめ。

実のつき方を知ろう！

四季なり性で2〜3回開花するため、条件がそろえば数回実が収穫できます。しかし、日本では暖地以外は秋果のみを収穫するため、夏以降に伸びた枝は切り戻します。

秋
夏・秋に伸びた枝には小さな実しかつかないので切り戻す

春
花芽がつく

秋の実を収穫する

4 7月▸▸8月 ＋プラスワン
摘果

秋果がたくさんついたときは、生理的落果 ➡P100 が止まったあとに摘果します。暖地または室内で栽培できる場合を除いては、冬果と春果は花を楽しんだら摘果します。

暖地以外のところでは、開花が遅かった小さな実は摘果をする。目安は葉20〜30枚に実1個。ライムは生理的落果が多いので摘果は不要。

教えて！Q&A

Q 青い実は使える？

A まだ青いうちに収穫したレモンを「グリーンレモン」と呼びます。黄色に熟したレモンと比べても、味や香りに違いはありません。異なるのは色だけなので、黄色のレモンと同じように使うことができます。

5 　9月▶▶5月
収穫

青い状態で使う場合は9月くらいから収穫できます。完熟を待つ場合は12月に収穫できます。暖地では翌年の5月まで樹上にならせておくことはできますが、遅くなると皮が厚くなりがちです。

黄色に色づくころには果汁が増え、よりジューシーに。

ライムは緑色のうちに収穫する。

　やりがちな失敗！

防寒を忘れると病気のもとに

レモンというと温暖な地中海のイメージがあるように、寒さには弱い果樹です。関東以南では品種によっては庭植えができますが、寒さに当たると葉が落ちてしまったり（左）、かいよう病になったり（右）するので、寒さよけが必要なこともあります。

6 　3月
剪定

ウンシュウミカンなどほかの柑橘類と同様に、花芽は枝の先端付近につきます。そのため、実つきをよくするには、切り戻し剪定は行わずに間引き剪定を中心に行います。樹勢をおさえて花芽を多くつけたいときは、枝先を誘引します。

※常緑樹のため、冬季剪定時も葉をつけていますが、わかりやすいよう、葉を除いて示しています。

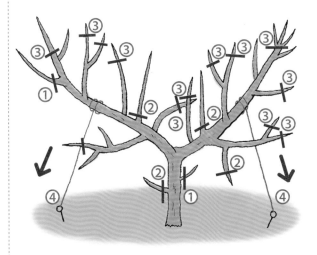

①枯れ枝、弱い枝を間引く
株の内側に枯れ枝や弱々しい枝が多く発生しているので、元から切り取る。

②徒長枝を切る
真上に伸びた勢いのよい徒長枝は元から切り取る。

③前年の夏以降に伸びた枝を切り戻す
冬果、春果を収穫しないときは、前年の夏、秋に伸びた枝を軽く切り戻しておく。

④誘引する
枝がやや下向きになるように誘引して、実つきをよくする。

どの枝を切ればいいですか？

レモンの剪定箇所を野田先生に教えてもらいました。
キンカン以外の柑橘類も、剪定のしかたは同じです。

 夏・秋に伸びた枝にはよい実がつきにくいので、切り戻して短果枝を増やしましょう

 ポイント 切り口は短めに。長く残しておくと傷口の回復が遅れ、菌や虫が進入しやすくなる。

開心自然形仕立てのレモンの木。葉が繁ってきても内部まで風や光が通るように、不要な枝を間引く。

Case 1

この枝は翌年花がつく。このように充実した枝は残し、右側の枝を切るとよい。

切る

Case 2

夏〜秋にかけて伸びた枝はよい果実ができにくいので、春枝の位置まで切り返す。

夏・秋に
伸びた枝

切る

春に
伸びた枝

翌年

Case 3

上に勢いよくまっすぐ伸びているのが徒長枝。根元から切っておく。

切る

複数の枝が出る。実がつきやすい短果枝を増やすのに有効な方法。

レモン の 料理

スパイス入り塩レモン

材料

レモン	450g	黒コショウ	小さじ1
（六つ切りにしておく）		シナモン	3cm
塩	80g	ドライタイム	小さじ1
1ℓの密封ビン		A ピンクペッパー	小さじ1
レモン	400g	ローリエ	4枚
塩	70g	タカノツメ	1本

作り方

1 1ℓの密封びんにレモン、塩、Aを交互に入れる。
2 1週間ほどでレモンから水分が出てくるので、ときどきびんをふり混ぜておく。
3 冷蔵庫で半月ほど置き、なじんでレモンのよい香りがしていたら使用できる。

塩レモン

材料

レモン	450g
（六つ切りにしておく）	
塩	80g
1ℓの密封ビン	

作り方

1 1ℓの密封びんにレモンと塩を交互に入れる。
2 1週間ほどでレモンから水分が出てくるので、ときどきびんをふり混ぜておく。
3 冷蔵庫で半月ほど置き、なじんでレモンのよい香りがしていたら使用できる。

レモンのはちみつ漬け

材料

レモン	2個
はちみつ	250g

作り方

1 レモンは7〜8mmほどの厚さの輪切りにする。
2 清潔な保存容器にレモンを入れ、はちみつを上から注ぐ。

レモンチーズケーキ （直径8cmのプリン型5個分）

材料

レモン汁	大さじ2
バター	60g
砂糖	60g
卵	大1個
クリームチーズ	225g
薄力粉	50g
サラダオイル（プリン型にぬっておく）	適量

作り方

1 オーブンは160度に温めておく。
2 ボウルにバターを入れ、泡立て器でやわらかくしてから砂糖、卵を加えクリーム状にする。
3 2にクリームチーズを加えてよく混ぜ、レモン汁、ふるった薄力粉を加えて混ぜる。
4 プリン型に3の生地を半分くらい入れ、好みでレモンのはちみつ漬けなどをのせ、20分前後焼く。

キウイフルーツ

マタタビ科マタタビ属　原産地／中国

難易度	実がつくまで	受粉樹
	4～5年	必要

		隔年結果
樹種・樹高		しにくい
つる性	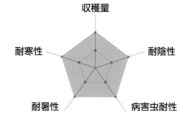	花　芽 混合花芽

収穫量・耐寒性・耐陰性・耐暑性・病害虫耐性

雄花と雌花は雌しべの有無で区別できる。写真は雌花。

円形で先端が尖っており、縁にはギザギザがある。

雄・雌の2本が必要 たくさん実るので摘果を

雄木と雌木の2本が必要な果樹です。開花時期によって相性もあるので、調べたうえで苗木を購入しましょう。庭植えは関東以南で栽培できます。つる性なので、誘引できる棚などが必要です。育てるスペースによって検討しましょう。生理的落果が少なく、受粉したものはすべて結実してしまいます。小さな実がたくさんなってもおいしく食べられないばかりでなく、木に負担をがかかり翌年の実なりが悪くなるため、摘果は必ず行いましょう。

栽培カレンダー

	1月	2月	3月	4月	5月	6月	7月	8月	9月	10月	11月	12月
植えつけ												
枝の管理			冬季剪定				夏季剪定				冬季剪定	
花の管理						人工授粉						
実の管理						摘果						
収　穫												
施　肥			元肥			礼肥					礼肥	
病害虫							カイガラムシ					

126

1 年間の成長 & お世話ポイント

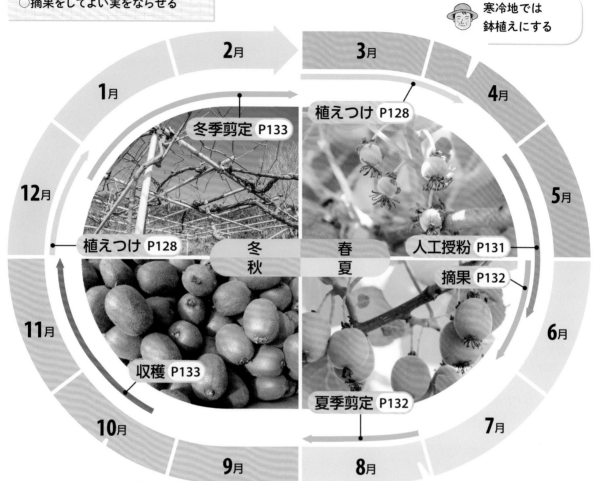

寒冷地では
鉢植えにする

2月

3月

1月

4月

冬季剪定 P133

植えつけ P128

12月

5月

植えつけ P128

冬
秋

春
夏

人工授粉 P131

摘果 P132

6月

11月

収穫 P133

夏季剪定 P132

7月

10月

9月

8月

霜がおりる前に
収穫し終える

乾燥が苦手なので
水切れに注意する

おすすめの品種

種類	品種名	収穫時期 9月	収穫時期 10月	収穫時期 11月	果実サイズ	色	特徴
雌品種	香緑（こうりょく）		■		俵型の大果	緑	濃厚な甘みで実なりがよい。樹勢も強く、2年目から収穫ができる。軟腐病 ➡P130 になりやすいので注意する。
	ゴールデンキング		■		大	濃い黄	甘みも酸味も強い。完熟してから収穫する。樹勢が強く、1株で100個程度の収穫も可能。
	センセーションアップル		■		大	鮮やかな黄	りんご形で甘みが強く、樹上で完熟までならせておけば追熟は不要。樹勢はとても強い。
	紅妃（こうひ）	■ ■			中	果肉は緑色中心部が赤	まろやかな甘みが特徴。皮には産毛がない。赤系雄木の早雄（そうゆう）やロッキーを受粉樹に。
	ヘイワード			■	大	緑	緑果種の定番。スーパーで売られている緑果種はほぼこの品種。食味がよく、貯蔵性にも優れている。
雄品種	マツア						開花時期が長く、どの品種の受粉樹にも向く。樹勢は強い。
	トムリ						ヘイワード、香緑など緑色の果肉の品種と開花期が近いため、それらの受粉樹に。
	孫悟空（そんごくう）						センセーションアップルなど黄色の果肉の品種と開花期が近いため、それらの受粉樹に向いている。

1
植えつけ

雄の木、雌の木があるので、必ず1本ずつ植えます。温暖地では12月に植えつけます。寒冷地では春になってから植えます。ただし、冬に－7度以下になるようにところでは鉢植えで栽培します。風通し、水はけのよい場所を選びましょう。

庭植え

❶ 直径・深さとも50cmの植え穴を5m以内のところに2か所掘る。棚などをすでに設置しているときはその支柱の側に掘る。
❷ 掘り上げた土に腐葉土や油かすを混ぜ込む。
❸ 植え穴に❷を埋め戻す。
❹ 根鉢を軽くほぐして、雄木、雌木の苗木をそれぞれ植える。
❺ 周囲に水鉢を作る。
❻ 支柱を立てて固定する。
❼ たっぷり水やりをする。

詳しい植え方はP20参照

植えつけ後、主幹は60cmの高さで切り返して発芽を促す

60cm

50cm

鉢植え

❶ 8号以上の鉢を2つ用意し、鉢底石を敷く。
❷ 緩効性の固形肥料を混ぜ込んだ培養土か、赤玉土と腐葉土を混ぜたものを❶に入れる。
❸ それぞれの鉢に雄木、雌木の苗木を植える。
❹ 必要なら支柱を立てて固定する。
❺ たっぷり水やりをする。
❻ 雄木、雌木の鉢を近くに置く。

詳しい植え方はP22参照

植えつけ後、主枝は3〜4芽を残して切り返し、発芽を促す

3〜4芽を残す

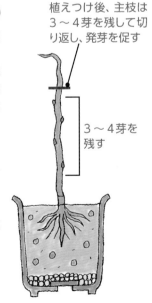

実のつき方を知ろう！

キウイフルーツの実は、春に伸びた枝につきます。冬にその年に伸びた枝を3芽残して切り返すと、初夏に花芽から伸びた枝の3〜6節に実がなります。

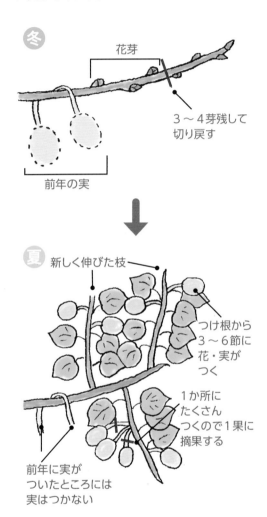

冬

花芽

3〜4芽残して切り戻す

前年の実

夏　新しく伸びた枝

つけ根から3〜6節に花・実がつく

1か所にたくさんつくので1果に摘果する

前年に実がついたところには実はつかない

ここもポイント

相性のよい雌雄木を購入しよう

キウイフルーツの苗は、まず雄木と雌木の2本が必要です。園芸店では相性のよい雌雄がセットで売られていることもあります。そうでない場合、開花期の近いものをあらかじめ調べておくか、店頭で相談しましょう。

2 仕立て方

つる性なので、毎年枝を大きく伸ばしていきます。新しい枝が伸びてきたら、それを這わすものが必要です。庭植えの場合は、棚仕立てにする人が多いでしょう。園芸店などでは棚も市販されています。鉢植えの場合は、一般にあんどん仕立て(オベリスク仕立て)や垣根仕立てにします。

庭植え

巻きひげではなく、つる枝を直接巻きつけて伸びるので、棚目が必要。棚の高さは約2m、棚のマス目は60×60cmくらいに。植えつけ時か、植えつけ〜2年後までに棚を作る。

2年目 冬

雌木は支柱に沿って伸ばしたあと、対角線上に支柱をつけて伸ばし、先端を切り詰める。雄木は支柱に沿って伸ばし、そこからはまっすぐに主枝を伸ばす。

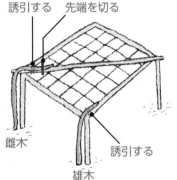

誘引する　先端を切る
雌木
雄木
誘引する

3年目 冬

雌木は主枝を伸ばしながら側枝を作り、先端は切り詰める。雄木は主枝だけを伸ばして、先端は切り詰める。

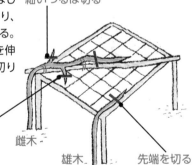

細いつるは切る
側枝は左右に誘引する
雌木
雄木
先端を切る

4年目 冬

雌木はさらに主枝を伸ばし、側枝も増やしていく。雄木は主枝だけをさらに伸ばし、先端は切り詰める。

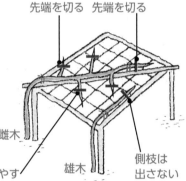

先端を切る　先端を切る
雌木
雄木
左右に実のつく側枝を増やす
側枝は出さない

5年目以降

同じように伸ばして切り詰めるが、雌木の側枝も増えているので、毎年、剪定して管理していく。

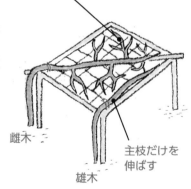

側枝、短果枝が増えすぎたら整理する
雌木
雄木
主枝だけを伸ばす

鉢植え

垣根仕立て

背後に垣根を立て、主枝を誘引する。主枝よりも伸びたものは切り戻す。

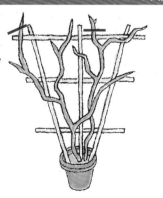

あんどん仕立て

鉢の四隅に支柱を立てて、主枝を巻きつけていく方法 ➡P135 。

芽の出方

芽の出方がわかっていると、剪定など枝の管理をするときや摘果など実の管理をするときに作業を適確に行えます。

3月

前年伸びた枝の先端に芽がついている。このころは混合花芽と葉芽の区別がまだつきにくい状態。

3月（10日後）

芽が膨らんできた。芽が複数あり、これは混合花芽。

3月（20日後）

芽はさらに膨らんできた。芽吹きももうすぐ。

4月

枝と葉が伸び、葉腋につぼみもつき始めてきた。

5月

つぼみが生長し、垂れ下がり始めている。

---

3 4月

摘蕾

つぼみが1か所に複数ついているときは、摘蕾することで、養分が1つのつぼみに集中します。前年に実がなりすぎたときなどに行うとよいでしょう。摘果 ➡P132 がきちんと行える場合は、この作業はしなくても大丈夫です。

1か所に2〜3個のつぼみがついていたら、いちばん大きなつぼみを残して、ほかは間引く。写真は摘蕾後。

病害虫

病害虫のひどい被害はあまり見られず、育てやすい果樹ですが、かいよう病、軟腐病などが見られることも。害虫ではコウモリガやカイガラムシがつくことがあります。

かいよう病

芽の周囲や葉が落ちたあと、枝についた傷などに菌がついて変色していく。長雨や大量に夜霜がおりるときに発生しやすい。越夏、越冬するので被害を受けたところはすぐに取り除く。

軟腐病

果梗に近い部分や実の側面に陥没が見られ、ひどくなると腐敗してしまう。前年の果梗は放置せずに取り除くようにする。ヘイワードに多く発生しやすい。

カイガラムシ

カイガラムシのなかでもクワシロカイガラムシは、枝だけでなく実にも寄生する。繁殖により、5、7、9月に多く発生する。苗木から持ち込むことも多いので、虫の有無をよく確認する。見つけたら歯ブラシなどで取り除く。

4　5月▶▶6月

人工授粉

基本的に虫が媒介して受粉できます。ただ、雄花が少ない品種や天候不順によって雄花が少なかった場合は、確実に実をならせるために、人工授粉をしておくとよいでしょう。雌花の授粉適期は開花後3日間。変色した花は使いません。

雄花	雌花

雄しべだけが発達している。葯が開いて花粉が出ているものを使う。	中央にイソギンチャクのような雌しべがあるのが特徴。周囲にある雄しべのようなものからは正常な花粉は出ない。

筆先に雄花の花粉をつける。

雌花の雌しべに花粉をこすりつける。雄花を摘み取って、直接、雌花にこすりつけてもよい。その場合、1つの雄花で10個程度の雌花に有効。

5　6月▶▶7月

摘心

春から伸びる枝の生長は旺盛なので、そのままにしておくと茂りすぎて日当たり、風通しが悪くなるほか、翌年の花芽がつきにくくなってしまうので、枝の先を切って摘心し、生長を止めます。

春から新しく伸びた枝の先。

枝のつけ根から葉を15枚残すか、10〜12節のところで摘心をする。指でつまむように切り取ってもよい。

摘心する（切る）

つけ根から葉15枚

摘心した状態。摘心したところからさらに枝が伸びてきたら、葉を1枚残して、再び摘心する。

6

6月

摘果

放置していると小さくておいしくない実ばかりが大量になり、翌年の実つきも悪くなるので、適正な数に摘果します。開花30日後に行います。発育不良の実、形の悪い実、傷ついた実、病害虫被害を受けた実は取り除きます。

摘果前

いくつかまとまって実をつけているところを摘果する。

摘果後

1つのまとまりに1つ実を残すのを目安にする。1度に取り切れないときは2回に分けてもよい。

間引きたい実

摘果の際は、下のような実を優先的に取り除きます。正常の実であっても適正な数にするため摘果することがあります。

正常の実

小さい実

形が悪い実

傷がある実

7

8月

夏季剪定

枝の伸びはさらに勢いを増してきます。棚から大きくはみ出してしまったり、ひこばえが多く発生したりしてきたら間引きを行いましょう。日当たり、風通しもよくして病害虫の発生も防ぎます。枝を間引くときはつけ根から切り落とします。

▲勢いの強い徒長枝や伸びすぎた枝は切り落とす。

幹や太い枝から直接出ている弱い枝はつけ根から切り取る。

剪定した枝は株元に

キウイフルーツは乾燥が苦手なので、夏場に向けて保護のために剪定した枝を株元にかけておきます。ただし、病害虫の被害がない健康な枝だけにしましょう。

8 10月▸▸11月
収穫

皮の色が茶色になったら収穫です。果梗を片手で押して簡単に実が離れるようになれば適期です。黄・赤種は11月上旬、緑種は11月中旬が目安です。品種によって早めに収穫したほうがよいもの、樹上で完熟を待ったほうがよいものとあります。

実を持って果梗を指で押すか、果梗を抑えて実を持ち上げる。

収穫適期なら、簡単に果梗から実が外れる。

やりがちな失敗!

水不足で実がシワシワに

果実の生育過程に水分が不足すると、実の肥大化が妨げられ、収穫期の果実にシワができることがあります。甘みも減り、味にも影響します。とくに鉢植え栽培の場合は水切れはNGです。水やりの管理をしっかり行いましょう。

ここもポイント

追熟して甘くなる

　未熟な状態で収穫した実は、1～2か月の追熟が必要。成熟を促すには、エチレンガスを発生しているリンゴと一緒にポリ袋に入れて、冷暗所に置いておきます。そのままにしておくよりも2週間早く熟します。

9 12月▸▸2月
冬季剪定

春の早い時期から活動を始めるため、冬季剪定も2月中には終わらせておくようにします。1年で大きく伸びているので、毎年剪定しておかないと、枝が絡み合ってしまったり、日当たり・風通しが悪くなって実もつかなくなったりします。具体的な剪定のコツは、次のページで解説します。

剪定しても1年後には枝が伸び、混み合う。つるが絡み合ってしまうので、年1回は剪定を。

12月▶▶2月
冬季剪定

旺盛に伸びた枝をどう切ったらよいかを整理するために、一文字仕立ての剪定時の様子を4年目まで（横から）と、成木になった5年目以降（真上から）の姿で見てみましょう。

4年目まで

①棚より下の側枝は切る

雌木、雄木とも棚上に達するまでに主幹から出た側枝は根元で切る。

②雌木の主枝は左右に伸ばす

雌木は主枝2本を棚の上で左右に誘引し、主枝から出た側枝は左右交互に伸ばす。

③先端を切る

新しい枝の生長を促すために枝の先端は、3～4芽を残して切る。

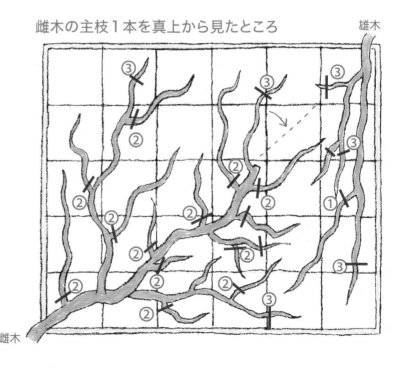

横から見たところ

雌木の主枝2本を棚の上でT字型になるよう左右に誘引する

雌木の主枝から出る枝は左右交互に誘引する

雌木　　　雄木

5年目以降

①雄木は主枝を伸ばす

雄木は受粉用のため、茂らせすぎないよう、主枝を伸ばしていく。

②雌木の側枝・短果枝を整理する

側枝や実がなったあとの短果枝は切り返し、枝の数を抑える。

③先端を切る

新しい枝の生長を促すために枝の先端は、3～4芽を残して切る。

雌木の主枝1本を真上から見たところ

雄木

雌木

野田プロ集中講座

キウイの剪定　これだけは覚えておこう

実をならせる枝の剪定のポイントを最低限、頭に入れておきましょう。

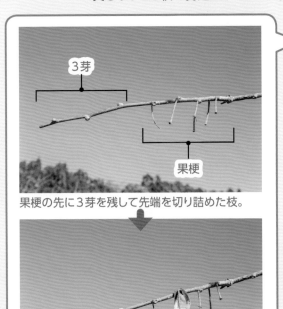

果梗の先に3芽を残して先端を切り詰めた枝。

古い果梗は取り除く。

果梗がある枝

果肉が緑色のもの

5〜7芽を残して切る

果肉が黄色または赤色のもの

3〜5芽を残して切る

果梗がない枝

果肉が緑色のもの

9〜11芽を残して切る

果肉が黄色または赤色のもの

7〜9芽を残して切る

果梗がある枝は、果梗の先に5芽程度残して切り詰め、ない枝は、枝のつけ根から9芽程度残して先端を切り詰めると覚えておくとよい。

教えて！Q&A

Q 鉢植えはどう育てていったらよい？

A 一般的なあんどん仕立ての場合、あんどん形の支柱は3年目に取りつけ、主枝とその年に伸びた枝を誘引します。果実は一鉢に10個程度になるよう、摘果します。水切れしやすいので注意しましょう。

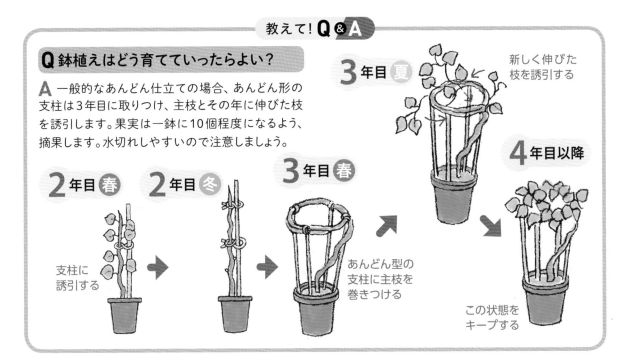

2年目春
支柱に誘引する

2年目冬

3年目春
あんどん型の支柱に主枝を巻きつける

3年目夏
新しく伸びた枝を誘引する

4年目以降
この状態をキープする

キウイフルーツ
保存と料理

追熟が必要な品種は冷暗所にしばらく置いておくか、りんごと一緒にポリ袋に入れておきます→P133。熟したものは冷蔵庫で保存します。冷凍をすると風味や食感が損なわれます。用途に応じてつぶしたりスライスしたりして密閉袋へ。酸味のあるさわやかな風味が、ジャムやソースにとても合います。

	保存期間	方法
常温保存	**熟すまで**	リンゴと一緒に袋に入れると早く熟す
冷蔵保存	**約2〜3週間**	袋に入れる
冷凍保存	**約1か月**	輪切りにするかつぶす
その他の保存法（本書で紹介しているもの）	ジャム	

キウイソースがけムース

材料

キウイフルーツ	適量
はちみつ	適量
A 生クリーム	50cc
プレーンヨーグルト	200cc
牛乳	60cc
粉ゼラチン（水大さじ2でふやかしておく）	小さじ2
メレンゲ（以下の材料で作っておく）	
卵白	1個
砂糖	1大さじ1

作り方

1 Aの材料をボールに入れて混ぜる。

2 1に湯せんで溶かしたゼラチンとメレンゲを加えて混ぜ、グラスに入れ冷蔵庫で2時間ほど冷やし固める。

3 キウイは皮をむき切ってミキサーにかけ、はちみつと混ぜてムースの上に流しかける。

キウイジャム

材料

キウイフルーツ	2個
砂糖	キウイの20%の量
レモン汁	大さじ1

作り方

1 キウイの皮をむいてスライスし、砂糖をまぶす。

2 1を600Wのレンジで3〜4分加熱する。

※加熱に時間をかけるとキウイの鮮やかな緑色が色あせるので、手早くレンジで作るのがおすすめ。

ヨーグルトやパンに

キウイのスムージー

材料

キウイフルーツ
（皮をむいておく） ── 2個
レモン汁 ────── 小さじ2
氷 ──────────── 6個

作り方

材料をすべてミキサーにかける。

熟れたキウイの消費にも

白身魚のキウイソースがけ

材料
キウイフルーツ（皮をむく） ───── 1個
舌平目 ─────────────── 1尾
バター ─────────────── 10g
バジル ─────────────── 6枚
オリーブオイル ──────── 大さじ2
塩、コショウ ──────────── 各適量

作り方
1 舌平目の頭の部分を取り、うろこ、内臓を取り除いてきれいに処理してから、小麦粉、塩、コショウをまぶす。
2 フライパンにバターをあたため、1を皮目から色よく焼く。
3 キウイ、バジル、オリーブオイルをミキサーにかけ、塩、コショウで調味する。
4 舌平目を焼き、3を添える。

キウイとホタテのカルパッチョ

材料
キウイフルーツ ─────── 2個
刺身用ホタテ ───────── 10個
赤タマネギ ─────────── 1/6個
ディル ────────────── 1枚

A｛
オリーブオイル
　　　────────── 大さじ3
レモン汁 ────── 大さじ3
塩、コショウ ───── 適量

作り方
1 皮をむいてスライスしたキウイと、横半分にスライスしたホタテを皿に交互に並べる。
2 スライスした赤タマネギとディルを添え、材料を混ぜ合わせたドレッシングAをたっぷりかけAをたっぷりかける。

ビワ

バラ科ビワ属　原産地／日本・中国

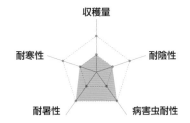

難易度	実がつくまで	受粉樹
	4~5年	不要

樹種・樹高
常緑高木
4~5m

隔年結果
しにくい

花芽
純正花芽

収穫量
耐寒性　耐陰性
耐暑性　病害虫耐性

手入れは楽だが大きくしすぎないように

　常緑で、開花は冬、収穫は初夏と多くの果樹とは生育サイクルが異なっています。そのため、作業の時期もほかの果樹とはズレているので、時期を逃さないようにすることが大切です。手入れそのものは手間がかかりません。実がつきすぎるので適切に摘蕾、摘果を行い、鳥や虫の食害を防止するための袋かけをすれば収穫を迎えられます。ただし、大木になりやすいので、手入れのしやすい高さにとどめるような剪定を行うことが大切です。

濃緑色で厚くて大きく、葉脈がはっきりしている。

冬に咲き、白い花が房状にたくさんつく。

栽培カレンダー

	1月	2月	3月	4月	5月	6月	7月	8月	9月	10月	11月	12月
植えつけ												
枝の管理									剪定			
花の管理			開花							開花		
実の管理				摘果・袋かけ						摘房		
収　穫												
施　　肥			元肥				礼肥					
病　害　虫			がん腫病						チョッキリムシ			

1年間の成長 & お世話ポイント

memo
- 摘蕾・摘花を行う
- 大木にならないように仕立てる

実が傷つかないように、鳥虫害から守るために袋かけをする

日当たりのよいところに植える

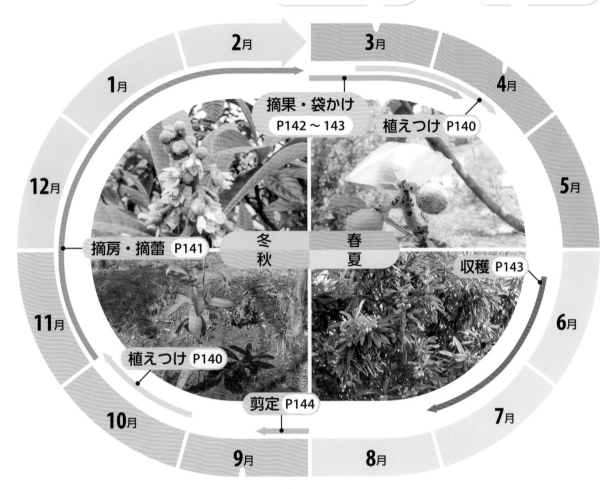

1月 / 2月 / 3月 / 4月 / 5月 / 6月 / 7月 / 8月 / 9月 / 10月 / 11月 / 12月

摘果・袋かけ P142 〜 143

植えつけ P140

摘房・摘蕾 P141

冬秋

春夏

収穫 P143

植えつけ P140

剪定 P144

他の果樹と時期が異なるので注意!

おすすめの品種

特徴	品種名	収穫時期 5月	収穫時期 6月	果実サイズ	特徴
早生	長崎早生 （ながさきわせ）	▬		中	開花期が早く耐寒性が低いので暖地で栽培を。甘みも香りも強い。大木になりやすいので注意する。
早生	なつたより	▬		大	長崎早生と福原びわの交雑種で病気に強い新品種。甘みが強く、果肉も柔らかい。
早生	茂木 （もぎ）	▬		中	耐寒性はやや低い。甘みが強く、酸味は少ない。皮もむきやすく代表的な品種。
早生	福原びわ （ふくはら）	▬		大	耐寒性はやや高い。別名クイーン長崎、甘香。実は最大で150gほどになる。ジューシーで甘みと酸味のバランスがよい。
早生	麗月 （れいげつ）	▬		中	果肉が白っぽく「白ビワ」と呼ばれる。果肉が柔らかく、食味がよい。1本では実がなりにくいので近くに受粉樹を植えるとよい。
中生	大房 （おおふさ）		▬	大	耐寒性が高いので、栽培適地が広い。味はやや淡泊だがとても大きな実になる。
中生	房光 （ふさひかり）		▬	大	耐寒性が高い。横に広がりやすいのでコンパクトに仕立てやすい。甘み、酸味とも強く、味が濃い。
晩生	田中 （たなか）		▬	大	比較的耐寒性があり、栽培しやすい。甘みと酸味のバランスがとれている。

1 🌱 3月▶▶4月、10月

植えつけ

苗木は春（3月中旬～4月中旬）または秋（10月上旬～下旬）に植えつけます。低温に弱い品種が多いので、庭植えにする場合、冬でも日が当たる暖かな場所を選びましょう。寒冷地では鉢植えにして、冬場は室内に入れられるようにします。

庭植え

❶ 直径・深さとも50cmの植え穴を掘る。
❷ 掘り上げた土に腐葉土や油かすを混ぜ込む。
❸ 植え穴に❷を埋め戻す。
❹ 深植えにならないようにして、苗木を植える。
❺ 周囲に水鉢を作る。
❻ 支柱を立てて固定する。
❼ たっぷり水やりをする。

> 詳しい植え方はP20参照

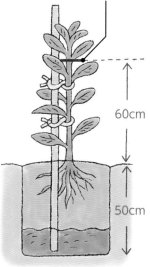

植えつけ後、主幹は60cmの高さで切り返して発芽を促す

60cm

50cm

鉢植え

❶ 8号以上の鉢を用意し、鉢底石を敷く。
❷ 赤玉土と腐葉土を混ぜたものを❶に入れる。肥料は不要。
❸ 苗木を植える。
❹ 支柱を立てて固定する。
❺ たっぷり水やりをする。
❻ 根づいたら日当たりのよい場所で育てる。

> 詳しい植え方はP22参照

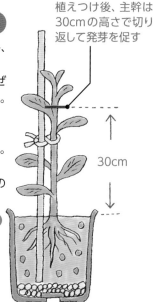

植えつけ後、主幹は30cmの高さで切り返して発芽を促す

30cm

2 🌱

仕立て方

放置しておくと大木になり、実が上のほうにばかりついて収穫ができなくなってしまいます。また、常緑のため一年中葉が茂り、うっそうとしてしまいます。幼木のうちにコンパクトに仕立てておきましょう。

苗木

植えつけたあとに伸びてきた枝のうち、元気なものを3本選んで残りは根元から切り落とし、3本仕立てにする。

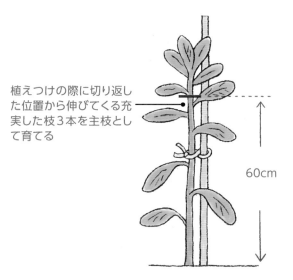

植えつけの際に切り返した位置から伸びてくる充実した枝3本を主枝として育てる

60cm

幼木・若木

主枝にした3本を幼木のうちに誘引し、樹高を抑えておく。

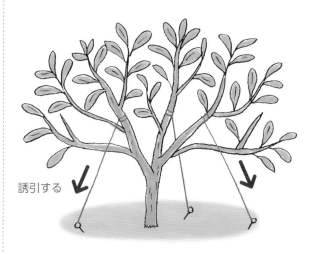

誘引する

実のつき方を知ろう！

春

前年に伸びた枝の先端から新しい枝（春枝）が伸びる。

春に伸びた枝

前年に伸びた枝

秋

春枝の先端につぼみがついたら花房を2～4個残して摘房（右参照）する。夏に伸びる脇枝は1本に間引く。

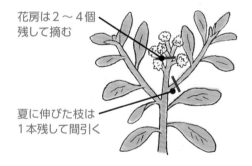

花房は2～4個残して摘む

夏に伸びた枝は1本残して間引く

翌年春

3～4月に摘果（右参照）をして、1枝に1～3個残す。脇枝の先端に次の実がつく。

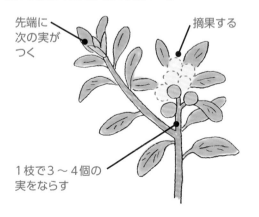

先端に次の実がつく

摘果する

1枝で3～4個の実をならす

3　摘房・摘蕾

11月 ▶▶ 12月

ビワは枝の先端に100個ほどの実をつけます。そのまま実らせると、小さな実が大量にできます。小さなものはおいしくないばかりか、食べられるところも少しです。適期に摘房・摘蕾をしましょう。

枝先に房状になったつぼみがたくさんつくので、花が咲く前に摘房・摘蕾が必要。最終的に1枝に2～4房になるようにする。まず、上部の房を取り除く。

切る

下に伸びた房を取り除く。

切る

枝の先端に4房を残し、摘房・摘蕾が完了。

「ビワは南に植えるな」の言い伝えがある

ビワは大木になりやすく、庭の南側に植えると家の日当たりや風通しが悪くなります。小さく仕立ててこまめに手入れができないこともあり得るなら、植える場所には注意が必要です。

常緑樹で濃い緑色の葉がたくさんつき、木のまわりは暗くなってしまう。

4

11月▶▶2月

人工授粉

ビワは摘蕾、摘果を行えば、とくに人工授粉を行わずとも実の管理はできます。ただし、鉢植えで屋外が低温になるために室内に取り込んだ場合は、媒介となる虫が入らないので人工授粉をしましょう。

左の写真は開花したところ。花房を手に持ち、別の花房に当てて花粉をこすりつける。筆先で花粉を集めたあと、別の花の花粉にこすりつけてもよい。

5

3月▶▶4月

摘果

実がふくらみ始めたら摘果をします。実が大きな品種なら1枝に1〜2個、小さめの品種なら3〜4個にするとよいでしょう。

取る
取る

大きな実は残し、寒さの被害を受けたような小さな実は摘果する。

取る

対称の位置にある実は大きいほうを1つだけ残す。

6 3月▶▶4月 ＋プラスワン

袋かけ

ビワは果皮がとても薄く、風で葉が触れた程度でも傷ついたり、日焼けを起こしたりします。また、鳥や虫の被害から守るためにも摘果後は袋をかけておくとよいでしょう。大きな実は1果ずつ、小さな実なら数果ずつまとめてかけてもOKです。

実に袋をかぶせる。

専用袋の場合は、袋についている留め金で口を閉じる。摘果をしながら袋かけを行ってもよい。

袋をかけ終えたところ。内側にゆとりができるように、風船のように形を整える。

7 6月▶▶7月

収穫

全体にオレンジ色が濃くなったら収穫期です。成熟間際に酸が減って甘みが増すので、早取りしないように気をつけましょう。手で軸を持ち上げたときに、はさみを使わなくてもすぐに取れれば適期です。袋をかけているときは取り遅れに注意を。

実を下から上へ、やさしく持ち上げて取れるようなら収穫の適期。

病害虫

幼果時代に冬を迎えるので低温による害には要注意。−3度を下回るところではビニールシートや毛布などの覆いを。病気では癌腫病、害虫では実を食べる種類に注意。

癌腫病（がんしゅびょう）

傷口から細菌が入り、芽、葉、枝、果実に病変を起こす。褐色の斑点ができたあと癌腫状に膨れ上がり、やがては木を枯らす。摘果や袋かけなどのときに木を傷つけないようにし、剪定時は切り口に保護剤をぬっておく。

モモチョッキリ

体長1cm前後の虫で、成虫が実に卵を産み、ふ化した幼虫が果実を食害する。被害を受けた実は早めに取り除く。焼却処分すると安心。

剪定

1年間で伸びすぎたところを切り戻し、込みすぎた枝を間引きしていきます。春に伸びた枝の先端につぼみがつくので、つぼみが大きくなる前に、つぼみのついた枝を残して日光と風がよく当たるように間引いていきましょう。春枝の脇からさらに伸び出た枝がある場合は、更新用に1本だけ残しておきます。大きくなりすぎた木は枝のあるところまで切り詰めてもOKです。

※常緑樹のため、剪定時も葉をつけていますが、
　わかりやすいよう、葉を除いて示しています。

①管理しやすい高さ、幅に抑える

大きくなりすぎないよう、主幹は管理できる高さで切り詰め、主枝の先を切って横への広がりも抑える。

> 放任すると大木になりやすいので、毎年剪定して管理しやすくしておきましょう

②不要な枝を間引く

込み合った枝、徒長枝、枯れた枝などを取り除く。

③誘引する

高く伸びすぎないようにするためとともに、枝を横に倒すことで短果枝を発生しやすくする。

ビワ

保存と料理

果皮が薄くてデリケートなため、収穫後もあまり日持ちがしません。また、低温では傷みが早く、風味も失われます。冷蔵保存は向いていないため、食べる直前に短時間だけ冷やすようにしましょう。食べきれない分は、早めに加工しておくのがおすすめです。

	保存期間	方法
常温保存	約2〜3日	風通しのよい冷暗所で
冷蔵保存	不向き	食べる直前のみ
冷凍保存	不向き	
その他の保存法（本書で紹介しているもの）	コンポート	

コンポート

材料

ビワ	6個
白ワイン	100cc
グラニュー糖	75g
水	200cc
レモン	1個分

作り方

1 ビワをよく洗い、水気をふいて皮ごと鍋に入れる。

2 1にグラニュー糖、白ワイン、水を入れ、落としぶたをして中火にかける。

3 20分たったらレモン汁を加え、ひと煮立ちしたところで火を止める。

冷やして食べるのがおすすめ

ビワゼリー

材料

ビワ	2個
グラニュー糖	80g
水	200cc
ゼラチン	3g(ふやかすタイプ)

作り方

1 ビワは皮をむいて縦半分に切り、種は取る。

2 鍋に水とグラニュー糖を入れて火にかけ、シロップ液を作っておく。ゼラチンをふり入れ、沸騰させないように溶かし、火を止めて粗熱を取る。

3 ゼリー容器に、ビワの切り口を上にして置き、ゼリー液を注ぎ3時間程度冷やし固める。

ブドウ

ブドウ科ブドウ属　原産地／ヨーロッパ、北アメリカ

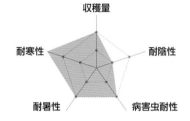

難易度	実がつくまで	受粉樹
	2〜3年	不要

隔年結果
しにくい

樹種・樹高
つる性

花芽
混合花芽

収量
耐寒性
耐陰性
耐暑性
病害虫耐性

剪定がやさしく
初心者でも楽しめる

　生長が早く、鉢植えなら翌年に、庭植えなら翌々年には実ります。やせた土地でも育ち、1本でも自家受粉できるため、人工授粉の手間もかかりません。一見、手間がかかりそうな果樹ですが、新しく伸びた枝のどこを切っても実はなり、初心者でも楽しめます。ただし、つる性でどんどん伸びるので、放置はできません。房をならせすぎると熟さないので、房の量を調整することも必要です。見た目よくおいしく食べるなら、粒の量も調整します。

花

雄しべと雌しべが飛び出た白く目立たない花をつける。

葉

周囲はギザギザしていて切れ込みがある。鮮やかな緑色。

栽培カレンダー

	1月	2月	3月	4月	5月	6月	7月	8月	9月	10月	11月	12月
植えつけ												
枝の管理									摘心・誘引		剪定	
花の管理						開花						
実の管理			摘房・整房			シベレリン処理　摘粒・袋かけ						
収　　穫												
施　　肥			元肥			追肥				礼肥		
病　害　虫					黒とう病				ブドウトラカミキリ			

146

1年間の成長 & お世話ポイント

memo
- ○毎年剪定をしっかりと
- ○ならせすぎないように摘房する
- ○粒ぞろいのよい房にするには適粒する

ジベレリン処理は種なしの実にしたり、実を大きくしたりする働きがある

庭に適した仕立て方を考える

巻きひげは切り取って枝を誘引する

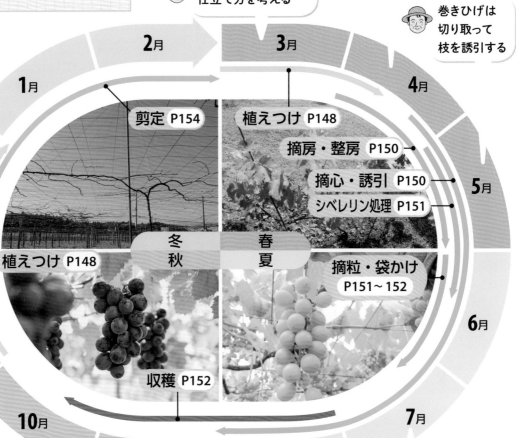

2月　3月　4月　1月　5月　12月　6月　11月　7月　10月　8月　9月

剪定 P154
植えつけ P148
摘房・整房 P150
摘心・誘引 P150
ジベレリン処理 P151
摘粒・袋かけ P151〜152
植えつけ P148
収穫 P152

冬秋　春夏

病害虫予防、日よけ、雨よけのため、袋かけを

おすすめの品種

特徴	品種名	収穫時期			果実サイズ	色	特徴
		8月	9月	10月			
早生	デラウエア	▬			小	赤	コンパクトに仕立てやすく、病気に強い。ジベレリン処理をすることで種なしになる。
中生	巨峰（きょほう）		▬		大	黒	甘みが強く、酸味が少ない人気品種。耐寒性があるが実つきがやや弱い。
中生	ピオーネ		▬		大	黒	巨峰よりも大粒になり、日持ちがする。甘みが強く、酸味が少ない。実つきがばらつきやすい。
中生	シャインマスカット		▬		大	緑	皮ごと食べられる人気品種。果肉は硬めで酸味は少なく、マスカットの香りが高い。
中生	スチューベン		▬		中	黒	酸味が少なく、果汁が多いためジュースに向いている。寒冷地での栽培にも向いている。
中生	マスカットベリーA		▬		中	黒	甘みが強く、日持ちもよい。育てやすいが房数が多いので摘房が必要。ワインの原料にも使用される。
中生	ナイヤガラ		▬		中	緑	独特の風味と甘さがある。実が柔らかく皮もむきやすい。病気に強く、育てやすい。
中生	ネオマスカット		▬		中	緑	酸味が少なく、完熟するとマスカットと遜色のない味わいに。病気に強く、マスカット種のなかでも育てやすい。

1 植えつけ

11月 ▶▶ 12月　3月 ▶▶ 4月

一般には3～4月に、関東以南では11～12月に植えることもできます。日当たり、風通しがよい場所に植えましょう。過湿に弱いので、水はけの悪いところでは土壌改良しておきましょう。

庭植え

❶ 直径・深さとも50cmの植え穴を掘る。
❷ 掘り上げた土に腐葉土や油かすを混ぜ込む。
❸ 植え穴に❷を埋め戻す。
❹ 深植えにならないようにして、苗木を植える。
❺ 周囲に水鉢を作る。
❻ 支柱を立てて固定する。
❼ たっぷり水やりをする。

詳しい植え方はP20参照

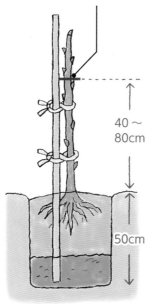

植えつけ後、3～5芽を残して切り返し、発芽を促す

40～80cm

50cm

鉢植え

❶ 8号以上の鉢を用意し、鉢底石を敷く。
❷ 赤玉土6と腐葉土4の割合で混ぜたものに苦土石灰を一つまみ入れたものを❶に入れる。
❸ 苗木を植える。
❹ 支柱を立てて固定する。
❺ たっぷり水やりをする。

詳しい植え方はP22参照

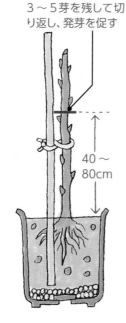

3～5芽を残して切り返し、発芽を促す

40～80cm

2 仕立て方

柔らかい若枝なら自由に動かすことができます。庭植えなら棚仕立てにすると管理がしやすいでしょう。ブドウ棚として市販品も多くあります。垣根やテラスなどを利用してもよいでしょう。鉢植えなら、あんどん仕立てやトレリス仕立てがおすすめです。

棚仕立て

1年目　1年目に伸びた枝のうち、いちばん勢いのある枝を選んで主枝とし、棚の上に誘引する。

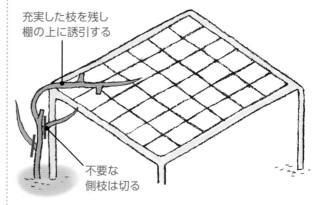

充実した枝を残し棚の上に誘引する

不要な側枝は切る

2年目　1年目の主枝から伸びた枝は、50～100cmほどの間隔になるよう間引き、残した枝は左右交互に平行に誘引する。一文字仕立てにしたい場合は、充実した枝を2本目の主枝として1年目と反対側に誘引する。

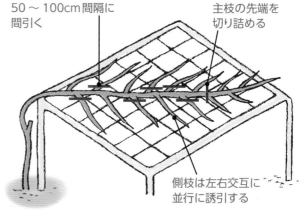

50～100cm間隔に間引く

主枝の先端を切り詰める

側枝は左右交互に並行に誘引する

※一文字仕立てにする場合は棚の中心に苗を植えつけ、2年かけて主枝を左右に誘引する。

垣根仕立て

支柱を数本立てて、その間にワイヤーを張り、垣根を作ります。もともとある垣根が生育に適していれば、それを使ってもかまいません。

1年目 冬

一番下のワイヤーに、主枝を右に向けて誘引する。主枝以外の枝は切り落とす。

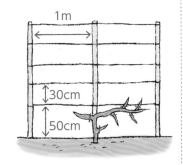

1m
30cm
50cm

2年目 夏

左側にも、もう1本の主枝を誘引し、主枝から伸びる枝を上方向に誘引する。

上に向けて誘引する

2年目 冬

夏に上に伸びた枝のうち、真ん中の2本のみ残して、ほかの枝を切り落とす。残した枝を左右に誘引する。

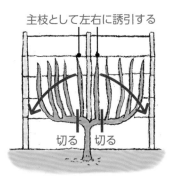

主枝として左右に誘引する

切る　切る

3年目 冬

2年目冬と同様に、真ん中の2本のみを残して左右に誘引。これを毎年くり返す。

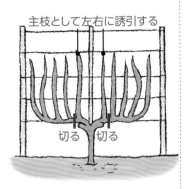

主枝として左右に誘引する

切る　切る

実のつき方を知ろう！

冬

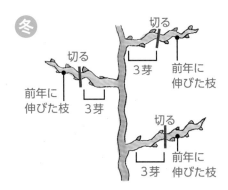

切る
3芽
前年に伸びた枝
切る
3芽
前年に伸びた枝
切る
3芽
前年に伸びた枝

前年に伸びた枝に花芽（混合花芽）がつく。冬に3芽残してその先は切り返す。

夏

芽かきをする

新しく伸びた枝のつけ根から3～6節に花（果）房がつく

冬に見られた花芽（混合花芽）から伸びた新しい枝のつけ根から3～6節に花房がつく。

教えて！Q&A

Q 花房はつくのに実がならない

A いわゆる「花ぶるい」という現象。開花しても受粉しなかったり、受粉してもすぐに生長が止まってしまうものです。肥料のやりすぎや剪定のしすぎで、樹勢が強いときに枝葉の伸びにばかり栄養がいきすぎてしまい、花や実のほうに栄養が回っていないことによるもの。施肥と剪定を控えめにして様子をみてみましょう。

3 🌱 4月▶▶8月
摘心・誘引

春になって新しく伸びた枝が、棚や支柱におさまらないほど長くなったら、先端を切り落とし(摘心)、それ以上伸びないようにします。誘引した枝はひもなどで棚や支柱に留めて安定させます。

写真の位置をハサミで切る。

摘心した状態。樹勢が強いときほど早めに摘心するとよい。伸びたつるは誘引する。

巻きひげは切り取る

つる性の植物は巻きひげを支柱などに巻きつけて伸びていきます。巻きひげは放置しておくと、病原菌がつき、病気の発生源に。家庭でブドウを育てるときには、棚や支柱などに誘引していくので、巻きひげはなくても大丈夫なので、巻きひげが出てきたらこまめに切り取っておきましょう。

4 🌱 4月▶▶5月
摘房・整房

春から伸びる1本の枝には複数の房がつきます。花の段階までは花房、実になったときから果房と呼びます。すべてをつけたままにすると、実が熟しません。そのため、花房の数を調整する摘房と、房につくつぼみの数を調整する整房を行います。

摘房

巨峰など大粒の品種は1枝に1房、デラウエアなど小粒のものは1枝に2房になるように、摘房する。枝に力があるときは2、3房ついたまま様子を見てもよい。その場合は6～7月にもう一度適房する。

摘房する

整房

房についているつぼみの数を調整する作業。花房が小さいうちは「花穂」と呼んで、この作業を「整穂」と呼ぶこともある。先端とつけ根部分のつぼみを切り取り、実がつきやすい中間部分を残す。

切る

つけ根のつぼみを切り取る

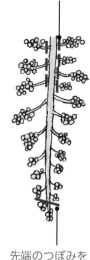

先端のつぼみを切り取る

5 5月 ＋プラスワン

開花

ブドウの花には花びらがなく、つぼみが開くと、おしべ5本とめしべ1本が出てきます。風によって自家受粉しますが、この時期に雨に当たると受粉不良を起こすこともあるので注意しておきましょう。

ブドウの開花。緑色の粒型のものが雌しべで、周囲に5本の雄しべが並ぶ。茶色のものは開花前の状態。

6 6月▶▶7月

摘粒

ブドウの粒が大豆大になったら、軸6cmにつき30粒くらいになるように、余分な粒を取り除きます。摘粒をしないと、実が込み合って不ぞろいになったり、実割れを起こしやすくなったりします。

小さな実、上向きや下向きの実、傷ついた実をバランスよくハサミで取り除く。残す実を傷つけないように注意する。

バランスよく実が残り、これから肥大する分のすき間もできた。

ここもポイント

種なしにしたいなら ジベレリン処理を

ジベレリン水溶液を作り、開花前後に花房を浸すことをジベレリン処理といいます。1回目の処理で種ができないようになり、2回目の処理で実を大きくします。デラウエアは満開の1週間～5日前と満開の2週間後に、巨峰、マスカット、ピオーネは満開時と満開の2週間後に施します。この処理による人体への悪影響はありません。

プラカップなどにジベレリンの水溶液を入れ花房を浸す。

ジベレリン水溶液の適正濃度※

●デラウエア、マスカット
2回とも100ppm
●巨峰、ピオーネ
1回目:12.5ppm／2回目:25ppm

ジベレリン溶液に花房を2秒浸して、液の中でよく振るう。

ジベレリン水溶液に花房を2秒浸し、液からあげたら水滴をよく落とす。

※市販のジベレリン錠剤を購入することで作ることができます。

摘房・袋かけ

摘粒後、前回の摘房のときに残していた果房があれば、よりよく育っている果房を残して2回目の摘房をします。その後、実が色づく前に一房ずつ袋をかけておきます。病害虫・鳥被害を防ぐばかりでなく、日よけ、雨よけの役割も果たします。

摘房　2回目

最終的に大粒品種は1枝に1房、中粒種は1枝に1〜2房、小粒種は1枝に2房になっているかを確認する。

袋かけ

市販の専用袋に房ごと入れて、口をしっかり閉じる。巨峰やマスカットは病気になりやすいため、必ず行う。水を通さない厚手の紙で傘を作ってかける「傘がけ」でもよい（下図）。

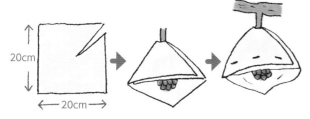

20cm
20cm

❶新聞紙などを図の大きさに切り、中央に向けて切り目を入れる。

❷ブドウの房に着物を着せるようにかける。

❸端を何か所か、ホッチキスで留める。

収穫

収穫時期が近くなったら袋を少し破って色づき具合を確認します。色づきがまばらな場合は味見を。各品種特有の色まで熟した房から収穫します。

果柄（軸）をハサミでカットする。根元に近い房から熟していくので、先端の実が熟していればOK。

やりがちな失敗！

摘粒をせずに実が不均等になる

摘粒をしないと実が込み合って、粒の大きさがバラバラに。実が大きくなるときに実が傷ついたり腐ったりしやすくなります。

ここもポイント

鉢植え栽培の仕方

雨が多い地域や、雨除けの管理がしにくいときは鉢植えもおすすめです。雨で裂果しやすいヨーロッパ種の「マスカット・オブ・アレキサンドリア」「甲斐路（かいじ）」なども育てやすいです。あんどん仕立てにするほか、小さな垣根を作って仕立てても。1鉢に5〜6房までになるように調整しましょう。

1年目
支柱に主枝を誘引する。主枝以外の枝は切り落とす。

2年目
葉が出る前にあんどん形の支柱を立てて、主枝を上部で2回巻く。

3年目
側枝は果房の先の葉を2枚残して摘心しながら上部に誘引していく。

果房の先に葉を2枚残す

病害虫

ブドウに多い病気は黒とう病、ベト病、ウドンコ病、晩腐病などです。雨が当たることで発生することが多いため、可能な限り雨が当たらない工夫を。被害の多い害虫はブドウトラカミキリ、ブドウスカシバ。ネットをかけることで予防できます。

黒（こく）とう病
若葉、花穂、幼果、若枝など軟らかい部分に褐色の病斑をつくる。病害部は見つけ次第すぐに取り除く。

べと病
主には、花穂に発病する。白色で毛足の長いカビが発生し、密生したのち、淡褐色に変色する。病変部は取り除き、葉の密生や枝が伸びすぎるのを防いでおく。

ブドウトラカミキリ
越冬した幼虫が枝を食害し、発見が遅れると枯れてしまう。枯れた枝は焼却処分し、剪定時に被害がないかをよく観察しておく。

ドウガネブイブイ
ブドウを好んで飛来し、葉や実を食害する。大被害をもたらすことがあるので、早めに発見して駆除しておく。堆肥などの有機物を好むので、ブドウの木の側に置かないようにする。

9 ✿

12月▶▶2月

剪定

3年目ごろまでの若木のうちは骨格を作る剪定を行います。主枝から伸びる側枝は、混み合わないように間引きし、残した枝は枝葉を増やすため先端を切り返します。樹形が安定してくる4年目以降は、短く切り返す短梢剪定を基本とします。ブドウは春に伸びた枝に、その年のうちに実がつくので、冬剪定で深く切り返しても大丈夫です。樹形の状態を見て、長めに枝を残す長梢剪定も行います。

3 年目まで

①枝を間引く

主枝から伸びる側枝は、50〜100cmの間隔になるようにつけ根から切り落として間引く。

②残った枝の先端を切り返す

間引き剪定で残した枝は、全体の2/3ほどの長さを残して先端を切り返す。主枝の先端は全体の1/2程度の長さまで切り詰める。枝の先を切ることで、そこから先にも枝が伸びやすくなり、樹冠が広がっていく。

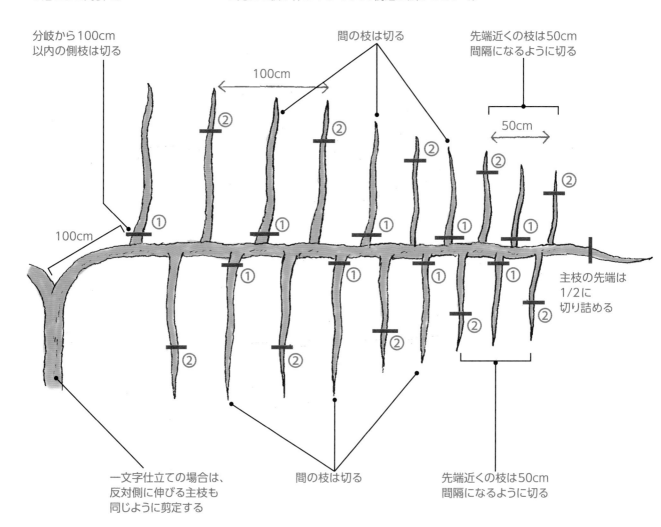

分岐から100cm以内の側枝は切る

間の枝は切る

先端近くの枝は50cm間隔になるように切る

100cm

50cm

100cm

主枝の先端は1/2に切り詰める

一文字仕立ての場合は、反対側に伸びる主枝も同じように剪定する

間の枝は切る

先端近くの枝は50cm間隔になるように切る

4年目以降

50cmくらい残して切る

①主枝を切る

主枝は先端を切る。棚のスペースにもよるが、最後の側枝から50cm残して切ると、養分の吸い上げがよくなり下の枝が充実する。

②短梢剪定

基本的なブドウの剪定で、つけ根から3芽残して切る。一般的には芽の上で切るのが、ブドウの剪定では、芽と芽の中間ほどで切るようにする。

3芽残して切る

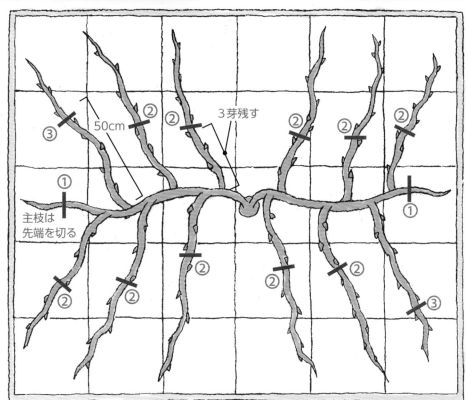

③

50cm

②　②

3芽残す

②　②　②

①

主枝は
先端を切る

②　②　②　②　②　③

①

③長梢剪定

棚のスペースが空いていて枝を増やしてすき間を埋めたい場合は、枝を長く残すように剪定する。つけ根から50cmほどの位置の芽と芽との間で切る。

つけ根から50cm

芽と芽の間を切る

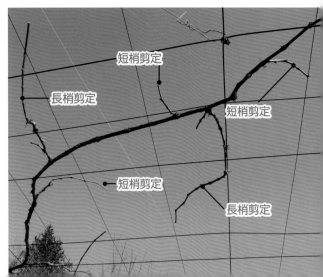

短梢剪定

長梢剪定

短梢剪定

短梢剪定

長梢剪定

ブドウ
保存と料理

日持ちがしないので、食べる分以外は洗わずに房のまま、ポリ袋などに入れて冷蔵庫の野菜室へ。それでも4〜5日しか保存はできないので、早めに軸からはずして洗わずに冷凍をしておくとよいでしょう。干しブドウを作っておくと保存も効いて便利です。

	保存期間	方法
常温保存	不向き	
冷蔵保存	約4〜5日	房のままか密閉容器に入れる
冷凍保存	約4か月	軸からはずして袋に入れる
その他の保存法 （本書で紹介しているもの）	ビネガー、ジャム、干しブドウ	

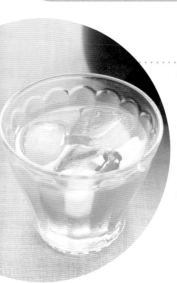

ブドウビネガー

【材料】

巨峰またはマスカット
　　　　　　　　　　1/2房程度
氷砂糖　　　　　　　6〜7個
米酢
　　ブドウと氷砂糖がかぶる量

【作り方】

1 ブドウは半分に切る。
2 材料をすべてびんに入れ、氷砂糖が溶けるまで1週間程度置く。

ブドウジャム

【材料】

ブドウ　　　　　　　500g
グラニュー糖
　　　200g（ブドウの40%）
レモン汁　　　　　　大さじ1

【作り方】

1 ブドウはよく洗い、半分に切って種を取り除く。
2 1とグラニュー糖、レモン汁を鍋に入れて弱火にかけ、アクを取りながら煮詰める。
3 とろみとつやが出てきたら、火を止める。

ブドウの焼き菓子（クラフティ）
（直径18cmパイレックス1台分）

【材料】

ブドウ（中粒のもの）
　　　　　　　　　　15粒
ピオーネ、マスカット
　　　　　　　　　各2粒
梨　　　　　　　　1/2個
卵　　　　　　　　3個
砂糖　　　　　　　70g
プレーンヨーグルト　50cc
生クリーム　　　　200cc
薄力粉　　　　　　大さじ3

【作り方】

1 ボウルに果物以外の材料を入れて混ぜ、一度こす。
2 容器に食べやすく切った梨、ブドウをラフに置き、1を入れ、170度のオーブンで30分焼成する。最後にミントを飾る。

干しブドウ

ブドウを保存しきれないときは干しブドウ（レーズン）にするとよいでしょう。どの品種のものも同じ方法で作ることができます。オーブンを使って乾燥させたものは約半年、天日干しにしたものなら約10か月保存できます。生食よりも鉄分、カリウム、食物繊維などの栄養が凝縮されています。

オーブン

ブドウを房から外して塩水で洗い、水分を取る。オーブン皿にクッキングシートを敷き、ブドウを広げて100度で1時間焼く。2〜3日室内または外で干して水分を完全に抜く。

天日干し

ブドウを塩水で洗い、日当たりのよい窓辺に吊して水分が抜けるまで干す。

干しブドウを使って

カレーピラフ

作り方
カレーピラフを作るときに、材料と一緒に干しブドウを炒める。

ホットケーキ

作り方
ホットケーキの生地に干しブドウを混ぜ込んで焼く。

ブドウのコンポート

材料
ブドウ 500g
グラニュー糖 50g
レモン汁 大さじ1
水 200cc

作り方
1 ブドウは湯むきしておく。
2 鍋にブドウの皮、グラニュー糖、水を入れて中火で5〜6分煮る。ブドウとレモン汁を入れ、ひと煮立ちさせ、火を止める。
3 2からブドウの皮を取り出す。

コンポート液にゼラチンを加えるとゼリーに

ブルーベリー

ツツジ科スノキ属　原産地／北アメリカ

難易度

実がつくまで
2〜3年

受粉樹
不要

隔年結果
しにくい

樹種・樹高
落葉低木
1〜2m

花芽
純正花芽

収穫量 / 耐陰性 / 病害虫耐性 / 耐暑性 / 耐寒性

鉢植えでも育てられ、初めての果樹栽培に

丈夫で育てやすく、病害虫も少ないブルーベリーは初めての果樹栽培に適しています。実だけでなく、花や紅葉も魅力です。コンパクトに育てやすく、ベランダでの鉢植え栽培でも十分に楽しめます。品種は豊富で冷涼な気候を好むハイブッシュ系と、温暖な気候を好むラビットアイ系に分類されます。1本で実がつかないことはないですが、より多く収穫するためには、開花期が近い同じ系統の別品種を近くに植えると結実しやすくなります。

花

品種によって白やピンク色の花を咲かせる。

葉

若葉は美しい黄緑色、秋には鮮やかな紅葉に。

栽培カレンダー

	1月	2月	3月	4月	5月	6月	7月	8月	9月	10月	11月	12月
植えつけ												
枝の管理			冬季剪定		夏季剪定						冬季剪定	
花の管理					摘花・人工授粉							
実の管理	※とくになし											
収　穫						ハイブッシュ系			ラビットアイ系			
施　肥			元肥				追肥			礼肥		
病害虫							イラガ					

158

1年間の成長 & お世話ポイント

memo
- ○花期の近い同系の別品種を近くに植える
- ○酸性の土に植えつける

人工授粉をすると
実つきがよくなる

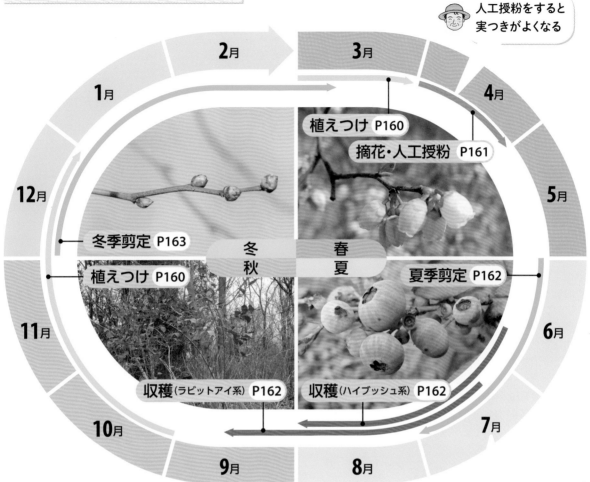

植えつけ P160
摘花・人工授粉 P161

冬季剪定 P163
植えつけ P160
冬
秋

春
夏

夏季剪定 P162

収穫（ラビットアイ系）P162
収穫（ハイブッシュ系）P162

2月　3月　4月　5月　6月　7月　8月　9月　10月　11月　12月　1月

鳥の被害がひどいときは
ネットで覆うなど対策を

おすすめの品種

種類		品種名	収穫時期			果実サイズ	特徴
			6月	7月	8月		
ハイブッシュ系	ノーザンハイブッシュ系（寒さに強い）	スパルタン	▬			大	粒ぞろいがよく、生食、加工ともに向く。暑さ、寒さに比較的強い。裂果も少ない。
		バークレイ	▬			大	やせた土地でもたくさん実がつく。酸味が少なく風味がよい。裂果は少ないが、熟すと落果する。
		ダロウ		▬		大 ～ 特大	枝が多く出て粒ぞろいがよい。さわやかな風味でジャムなどの加工品にも向く。十分に熟してから収穫する。
	サザンハイブッシュ系（暑さに強い）	オニール		▬		大	コンパクトに育てやすい。ジューシーで甘み、香りも強い。サザンハイブッシュ系の定番品種。ブルーム（白い粉）は少ない。
		フローダブルー		▬		中 ～ 大	樹勢が強くないので鉢植えにも向く。ピンク色の花が楽しめる。花が多くつきすぎたときは摘果を。風味がよい。
		サンシャインブルー		▬		小	赤いつぼみとピンク色の花が美しい。果実が小さい分、たくさん収穫できる。鉢栽培にも向く。しっかりした甘みと風味が魅力。
ラビットアイ系		ブライトウェル		▬		大	果肉は柔らかく、甘み、香りは強い。裂果は少ない。実つきがとてもよいので翌年の実が減りやすく、花芽を調整するとよい。
		ホームベル		▬		小 ～ 中	実つきがよい。ラビットアイ系の定番品種。ひこばえが発生しやすいが丈夫で育てやすい。
		ティフブルー			▬	中	晩生の定番品種。雨に当たると裂果しやすい。樹勢が強く実つきもよい。酸味があるため完熟してから収穫する。

1 🌱

10月 ▶▶ 12月、3月

植えつけ

関東以南なら10〜12月に、以北なら3月に植えつけます。庭植えの場合は日当たりのよい場所に。酸性で水はけのよい土が必須です。酸性でない土で栽培すると、肥料を吸収しにくく、実つきも悪くなります。1本では実をつけにくいので、同じ系統の別品種のものを近くに植えましょう。

庭植え

① 直径・深さとも50cmの植え穴を掘る。
② 掘り上げた土にピートモスと肥料を混ぜ込む。
③ 植え穴に②を埋め戻す。
④ 深植えにならないようにして、苗木を植える。
⑤ 周囲に水鉢を作る。
⑥ 支柱を立てて固定する。
⑦ たっぷり水やりをする。
⑧ 乾燥しやすい場所、氷点下になる場所では、ワラなどをかけておく。

詳しい植え方はP20参照

植えつけ後、高さ30〜40cmのところにある葉芽の1cm上で切り返し、発芽を促す。

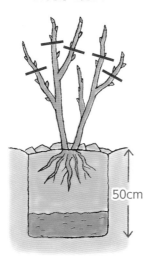

50cm

鉢植え

① 8号以上の鉢を用意し、鉢底石を敷く。
② 赤玉土とピートモスを同量混ぜたものを①に入れる。ブルーベリー専用の培養土を使ってもよい。
③ 苗木を植える。
④ 必要なら支柱を立てて固定する。
⑤ たっぷり水やりをする。
⑥ 株元をワラなどで覆っておく。

詳しい植え方はP22参照

植えつけ後、高さ30〜40cmのところにある葉芽の1cm上で切り返し、発芽を促す。

2 🌱

仕立て方

ブルーベリーは株元から新しい枝が発生してくるので、自然に株仕立ての樹形となっていきます。

幼木

1年目 冬

枝が伸びる

3年目 冬

勢いのよい枝を数本残す

内向きの枝や弱い枝は間引く

成木

毎年勢いのある枝が4〜5本はある状態にしておく

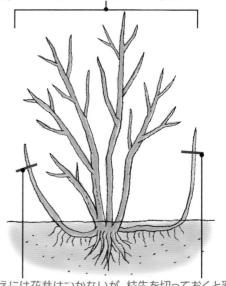

ひこばえには花芽はつかないが、枝先を切っておくと翌年に短・中果枝が伸び、着果する

実のつき方を知ろう！

前年に伸びた枝の先端付近に花芽（純正花芽）がついて、翌年の春に開花し、実がなります。実がなった枝先は収穫後に枯れてしまうので切り詰めておきます。

冬

前年に伸びた枝の先端付近に花芽がつく。

花芽
（純正花芽）

葉芽

前年に
伸びた枝

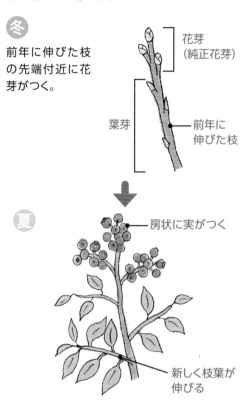

夏

房状に実がつく

新しく枝葉が
伸びる

房状に花が咲き、実になる。葉芽からは新しい枝葉が伸びる。

翌年の冬

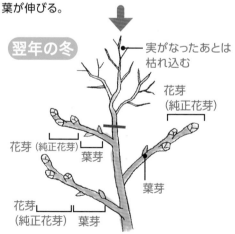

実がなったあとは
枯れ込む

花芽
（純正花芽）

花芽（純正花芽）

葉芽

葉芽

花芽
（純正花芽）　葉芽

実がついた枝先は枯れ、新しく伸びた枝の先端付近に花芽がつく。

3 📗 4月
摘花・人工授粉

1つの花芽から5〜10個の花が房状に咲きます。植えつけて1〜2年の幼木に実をならせると、その後の生長が悪くなるため、この間に花がついたときは摘花を。また、たくさん花がつきすぎたときも適度な数に摘花をするとよいでしょう。

摘花

粒の大きい実にしたいときは、摘花を。密集している部分の花を間引くとよい。

花を間引いてもよい

人工授粉

通常、受粉は虫によって行われるが、たくさん実らせたいときや虫の少ない都市部では人工授粉をするとよい。

筆先などに同じ系統の異なる品種の花粉をつけ、花の中でかき混ぜるように動かす。

収穫

花が咲いた順に熟していきます。実が大きくなってブルーになってから4〜5日たったころが収穫適期。熟していれば手でつまんで軽くひねるとすぐに取れます。結実後は水切れしないよう注意し、鳥被害が心配されるときはネットをかけましょう。

白い粉は「ブルーム」と呼ばれ、果実を雨や乾燥から守っている。新鮮な証拠なので、このまま食べても大丈夫。

軸の根元が実と同じブルーになっていれば、完熟している。

病害虫

ほかの果樹に比べてひどい病害虫被害はあまり見られません。まれにイラガ、ミノガなどが葉を食害することも。見つけ次第、捕殺します。

灰色かび病

花、幼果、若い葉や芽に感染する。低温多湿な年に多い。灰色の菌糸で覆われて褐色になってやがて枯れる。剪定で風通しをよくしておく。

イラガ

葉脈を残して葉を食害する。幼虫には毒を持ったトゲがあり、触れると電気が走ったような痛みを伴います。駆除の際は必ず手袋をつける。

野田プロ
集中講座

枝を充実させるには

花芽を増やしたいときは夏季に勢いよく伸びた枝の先端を切って、脇芽の生育を促します。

冬

先端付近の花芽の下で切り返す。

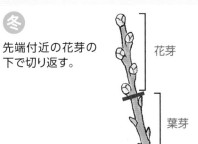

花芽

葉芽

1 年後

切り返さないと

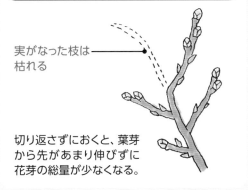

実がなった枝は枯れる

切り返さずにおくと、葉芽から先があまり伸びずに花芽の総量が少なくなる。

切り返すと

切り返すと、葉芽がしっかりと生長し、その先にたくさん花芽がつく。

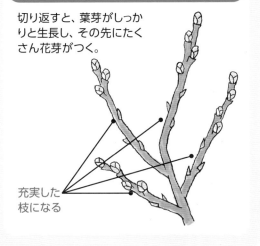

充実した枝になる

5

12月 ▶▶ 3月

冬季剪定

本格的な剪定は冬の休眠期に。慣れないときは花芽と葉芽の区別がつくようになってから行うと安心です。ブルーベリーは主枝が複数あるので、バランスをとりながら枝を切り取ることが大切です。花芽が多いと実がつきすぎて小さくなるので、先端を切り詰めて数を減らします。

1年目

分岐を促すために、
充実した枝先を
1/2程度の位置で切り返す

2~3年目

枝先は1/3に
切り返す

徒長枝を
根元から切る

離れたひこばえは
根元から切る

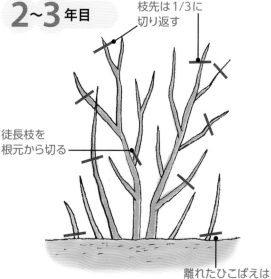

4年目以降

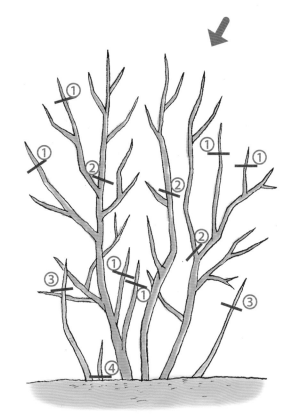

①枝の先端を切る

長く伸びた枝は、根元から3/4程度残して先端を切る。

②古い枝を切る

主枝を新しい枝に更新するため、これまでの主枝は枝のわかれ目の位置で切る。

③新しい枝の先端を切る

新しく主枝にする枝を充実させるために、枝の先端を切る。

④ひこばえを根元から切る

不要なひこばえ、古くなったなったひこばえは根元から切っておく。

ブラックベリー・ラズベリー

バラ科キイチゴ属　原産地／ヨーロッパ、北アメリカ

難易度	実がつくまで	受粉樹
	1~2年	不要

		隔年結果
樹種・樹高		しにくい
つる性		花芽
		混合花芽

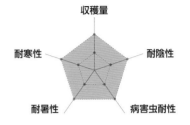

収穫量・耐陰性・病害虫耐性・耐暑性・耐寒性

花

ともに白やピンク色の花を咲かせる。ブラックベリーのほうがやや大きめ。

木

ともに直立性、半直立性の品種があり、ブラックベリーはほふく性の品種もある。

完熟が味わえるのは自家栽培ならでは

　ブラックベリー、ラズベリーはどちらもキイチゴの仲間です。病害虫にあまり悩まされることなく、収穫しやすいことから、ビギナー向けの果樹として最適です。ともに実が傷みやすく、フレッシュなものを市販では手に入れられない分、家庭で完熟のいちばんおいしい状態のものを味わいたいものです。植えつけて2年目から収穫が楽しめます。ただし、ブラックベリーとラズベリーを近くに植えると病気が発生しやすくなるので注意しましょう。

栽培カレンダー

	1月	2月	3月	4月	5月	6月	7月	8月	9月	10月	11月	12月
植えつけ												
枝の管理			冬季剪定					夏季剪定			冬季剪定	
花の管理					開花							
実の管理	※とくになし											
収穫						ブラックベリー		ラズベリー			ラズベリー	
施肥			元肥				追肥		礼肥			
病害虫						マメコガネ						

164

1年間の成長 & お世話ポイント

ブラックベリー・ラズベリー

 2～3年に1回
石灰をまくと生育がよくなる

 品種によっては誘引できる
フェンス、トレリスなどを用意する

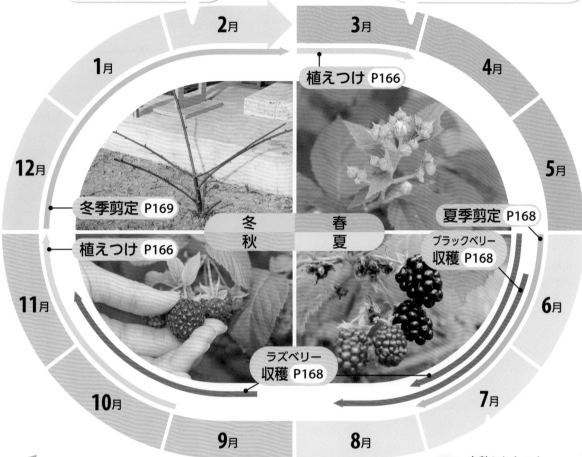

2月

3月

1月

4月

植えつけ P166

12月

冬季剪定 P169

夏季剪定 P168

5月

植えつけ P166

冬
秋

春
夏

ブラックベリー
収穫 P168

11月

6月

ラズベリー
収穫 P168

7月

10月

9月

8月

memo
○耐暑性・耐寒性は購入時に注意する
○水切れしないように
○不要な枝は毎年剪定する

トゲあり品種は
扱いに注意する

完熟したものを
摘み取って収穫する

おすすめの品種

	品種名	収穫時期						果実サイズ	トゲの有無	特徴
		6月	7月	8月	9月	10月	11月			
ブラックベリー	ボイセンベリー		■					大	なし、あり	赤紫色の実。ほどよい甘みと酸味がある。トゲなし種のものでも局所的にトゲができることもあるので注意。ほふく性。
	マートン・ソーンレス		▬					中	なし	酸味が強い。暑さや乾燥にも強く育てやすい。ピンク色の花を咲かせることでも人気がある。半直立性。
	カイオワ		▬					超大	あり	食べ応えのある大きさで、風味がよい。完熟させてから収穫する。直立性。樹勢が強く、トゲも多い。

	品種名	収穫時期						結実	実の色	トゲの有無	特徴
		6月	7月	8月	9月	10月	11月				
ラズベリー	グレンモイ	▬	▬					一季なり	赤	なし	甘みが強く、ほかの品種の1.5倍の大きさ。収穫期が早く、たくさん実る。アブラムシに強い。
	ファールゴールド	▬	▬					一季なり	黄	あり	小粒だが甘みが強く、生食に向いている。コンパクトに仕立てやすい。暖地ではやや育てにくい。
	インディアン・サマー	▬	▬		▬	▬		二季なり	黄	あり	濃厚な味わいで人気の品種。樹勢が強い分、実つきもよい。直立性。
	ジョンスクエアー	▬	▬	▬				二季なり	赤	なし	収穫期間が長い人気品種。味も香りもよい。病害虫に強く、育てやすい。夏の暑さにやや弱い。

1 🌱 植えつけ

庭植え、鉢植えとも関東以南なら10〜11月に、霜がおりる地域では3月になってから植えつけます。基本的には日当たりのよい場所に植えますが、品種によって暑い場所が苦手なものもあるので注意を。

庭植え

① 直径・深さとも30〜40cmの植え穴を掘る。
② 掘り上げた土に腐葉土や油かすを混ぜ込む。
③ 植え穴に②を埋め戻す。
④ やや深植えになるようにして、苗木を植える。
⑤ 周囲に水鉢を作る。
⑥ 支柱を深く刺して立て、固定する。
⑦ たっぷり水やりをする。
⑧ 乾燥しやすいところでは、株もとにワラなどをかける。

詳しい植え方はP20参照

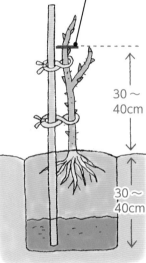

高さ30〜40cmのところにある葉芽の1cm上で切り返し、発芽を促す

30〜40cm

30〜40cm

鉢植え

① 8号以上の鉢を用意し、鉢底石を敷く。
② 緩効性の固形肥料を混ぜ込んだ培養土か、赤玉土と腐葉土を混ぜたものを①に入れる。
③ 苗木を植える。
④ 支柱を立てて固定する。
⑤ たっぷり水やりをする。

詳しい植え方はP22参照

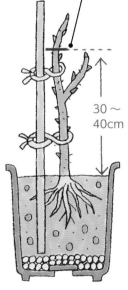

高さ30〜40cmのところにある葉芽の1cm上で切り返し、発芽を促す

30〜40cm

野田プロ
集中講座

ファースト果樹におすすめ

果樹栽培でいちばん心配なのが剪定でしょう。その点、ブラックベリー、ラズベリーは庭木の一種として気楽に取り入れられます。難しいことは考えず、邪魔な枝は切り、邪魔でなければ残しておけばいいのです。そのほか実がついたあとに枯れた古い枝を切っておけば、手をかけずとも花が咲いて実がなります。果樹栽培のスペースが少なければフェンスにも誘引でき、初めての果樹栽培におすすめです。

🖐 **やりがちな失敗!**

庭植えでも水やりなしはNG

比較的、手がかからない果樹ではありますが、乾燥には弱いので、日が当たりすぎるところでは水切れに注意しましょう。庭植えの場合でも夏場に葉がしおれているときは1日に1回はたっぷりと水やりをしましょう。鉢植えの場合、夏は朝夕、春・秋は1日に1回、冬は3〜5日に一度が目安です。

2 仕立て方

ブラックベリーには直立性、半直立性、茎が這うように伸びるほふく性のものがあります。ラズベリーには直立性と半直立性のものがあります。誘引が必要な品種は垣根仕立てや棚仕立てに。

垣根仕立てでは、背後にフェンスやラティスを設置し、枝は扇形に広げながら誘引していく。

ここもポイント

さまざまな樹形

直立性

まっすぐ上に向かって伸びていくもので、支柱がなくても育つ。ブラックベリー「カイオワ」、ラズベリー「インディアン・サマー」など。

半直立性

ある程度の高さまではまっすぐ上に向かって伸びるが、次第に枝が下向きに垂れてくる。ブラックベリー「マートン・ソーンレス」などがある。オベリスクやトレリス、ラティスを使うとまとまりやすくなる。

ほふく性

地面を這うようにして伸びていく。フェンスやトレリス、ラティスなどに誘引するとよい。ブラックベリー「ポイセンベリー」など。

実のつき方を知ろう！

前年に伸びた枝の先端付近と中間に花芽（混合花芽）がつき、そこから新しく伸びた枝に実をつけます。実がついた枝は冬になると枯れます。

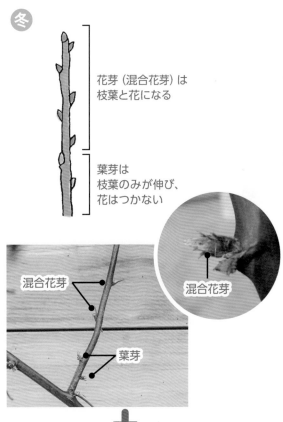

冬

花芽（混合花芽）は枝葉と花になる

葉芽は枝葉のみが伸び、花はつかない

混合花芽

混合花芽

葉芽

夏

混合花芽から伸びた新しい枝に実がつく

前年に伸びた枝

葉芽から伸びた枝

※二季なり品種の場合、地際から伸びた枝の先端にその年のうちに実がつき、翌年はその枝の基部付近の芽から短い枝（短果枝）を出して夏に実がなる。

収穫

黒や赤、黄色などその品種の色にまで熟したら収穫です。鳥による食害の可能性がある場合は、実が色づく前に防鳥ネットをかけとおくとよいでしょう。

トゲのある品種のブラックベリーはハサミで収穫すると安心。

熟したラズベリーは指でつまむとホロリと取れる。

病害虫

病害虫には強いですが、とくにラズベリーは梅雨時に灰色かび病が発生することがあります。害虫では葉を食害するマメコガネの幼虫や、根元から侵入して茎の内部を食害するコウモリガの幼虫に注意。

灰色かび病
花や幼果に空気感染し、灰色の菌糸で覆われる。ジメジメした日が続くと若枝や葉にも広がる。越冬するので見つけたらすぐに取り除き、風通しよく枝を間引いておく。

マメコガネ
幼虫が葉脈を残して葉を食害する。サクラ、バラ、クリ、カキ、キウイも好むので近くにあれば注意しておく。

コウモリガ
幼虫が幹や枝に入り込み、環状に食害する。幼木や若木は枯れてしまい、成木でも樹勢が衰えてくる。剪定時に株元に注意し、穴を見つけたら針金などを入れて幼虫を刺殺する。

夏季剪定

実の収穫が終わったら、夏の間に夏季剪定をします。二季なりの品種は、春に伸びた強い枝を半分のところで切り返すと、そこから枝分かれして秋の収穫量が増えます。

二季なりの品種の場合は、新しいひこばえに実がつくことがあるので切らずに様子を見るとよい

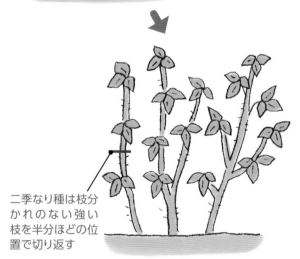

二季なり種は枝分かれのない強い枝を半分ほどの位置で切り返す

①枯れ枝を取り除く
実がついたあとの枝は枯れるだけなので、根元から切り取る。そのままにしておくと病気などの原因にもなる。

②混み合う枝を間引く
混み合う枝、交差する枝は、枝の分かれ目から切って風通しをよくする。

③弱いひこばえを切る
弱いひこばえは根本から切って取り除く。勢いのあるひこばえは株の更新に利用できるので残す。

5

12月▶▶2月

冬季剪定

休眠期にあたる12月以降に冬季の剪定を行います。主に、古い枝を切る作業になります。実がついた枝は冬になると枯れてしまうので、株元から切り落とします。ブラックベリー、ラズベリーとも樹勢が強いので、思い切って切り落として大丈夫です。新しく伸びた枝は先端を切り返します。

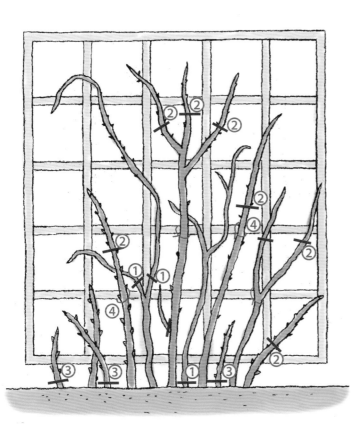

①古い枝を切り取る

一度実をつけた木には再び実をつけることはないので、根元から切り落とす。混み合った枝も間引く。

②伸ばしたい枝を切り返す

ブルーベリー、ラズベリーとも切った部分から枯れやすいので、剪定するときは芽と芽の中間を切るようにする。

③根元からの枝を間引く

根元から生えた弱い枝は間引く。勢いの強い枝なら先端の1/3を切り戻しておくと、翌年に実がつきやすくなる。

④誘引する

フェンスやトレリスなどに誘引して栽培している場合は、剪定後、枝が重ならないようにバランスよく誘引して、先端を上向きにしてひもなどで固定する。

教えて！Q&A

Q ブラックベリーの枝が暴れる

A ブラックベリー、ラズベリーは地下茎で新しい枝を増やしていくため、条件のそろった土地で育つと手に負えないほど茂ることもしばしば。4月ごろに生えてきたひこばえのうち、不要なものは根元から切りましょう。その際、ほかの枝の様子も見ながら、翌年に実をならせる枝がなくならないように注意して行いましょう。

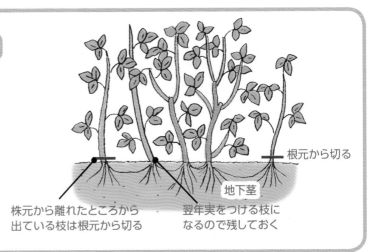

株元から離れたところから出ている枝は根元から切る

翌年実をつける枝になるので残しておく

地下茎

根元から切る

剪定から実がなるまで

樹勢の強いブラックベリーが、剪定後、翌年の結実
までどんな過程をたどるのか、実際に見てみましょう。

3月 剪定前

実がついたあとの枯れた枝や枯れ葉がまだ残っている。主枝も伸びすぎていて、根元からひこばえが複数出ている。

3月 剪定後

実がなった枝は切り、主枝は先端を1/3切り返した。横に伸びていた勢いの強い枝も切り詰め、弱いひこばえも切った。

4月 葉が育つ

1か月で葉が茂ってきた。旺盛に生長している。

5月 開花

茎が伸び、葉もさらに茂った。ピンク色の花も咲き始めている。

開花。1本で受粉するので、虫がいるところなら人工授粉の必要はない。

6月 幼果

1か月後、幼果が育っている。勢いのある枝はさらに伸びていく。

花後は結実し、実は小さな果実（小核果）の集まりで、その1つ1つに種がある。

7月〜8月

今年の春・夏に伸びた枝の先では、次々に実が熟していく。

◀最初は赤く色づいてくるが、この段階はまだ未熟。
▼黒くなったら完熟。ならせたままにしておくと虫がつくので、熟したものからそのつど摘み取る。

収穫

ベリー
保存と料理

ブルーベリー、ブラックベリー、ラズベリーとも、日持ちはしないので、収穫当日に食べるか加工をしましょう。色づいたものから収穫するため、収穫時期が少しずつずれてしまいます。収穫したらすぐに冷凍していけば、まとまった量になったときにジャムなどに使うことができます。

		保存期間	方法
常温保存		収穫当日のみ	
冷蔵保存		ブルーベリー 約5日	密閉容器に入れる
		ブラックベリー・ラズベリー 約2〜3日	キッチンペーパーを敷いた密閉容器に入れる
冷凍保存		ブルーベリー 約6か月	水分をふき取って袋に入れる
		ブラックベリー 約6か月	収穫のたびに容器や袋に入れる
		ラズベリー 約4か月	1つずつ並べて冷凍してから袋に入れる
その他の保存法 (本書で紹介しているもの)		ジャム、シロップ、ソース	

ベリージャム

材料
ブラックベリー —————— 800g ※ブルーベリー、ラズベリーでもよい
砂糖 —————— 300g

作り方
1 ブラックベリーを洗い、ミキサーにかける。種が気になる場合は一度こす。ブルーベリー、ラズベリーを使用する場合はこす作業は不要。
2 砂糖と1を煮る。
3 ビンに詰め、脱気をすれば室温で1年保存可能。ソースは冷蔵庫保存または冷凍がおすすめ。

※砂糖の量はベリー量の70％程度。砂糖は多いほど黒みがかった色になる。ソースとして使う場合はベリー量の40％弱がよい。

シロップ

材料
砂糖 —————— 100g
水 —————— 100g
ベリージャム —— 大さじ1

作り方
1 砂糖と水を鍋にかけ、砂糖が溶けるまで煮立てる。
2 1が冷めてからベリージャムを加える。

かき氷やパンケーキなどに

ベリーソース

材料
ラズベリー、ブラックベリーのジャム —————— 各大さじ2
白ワインまたは日本酒 —————— 大さじ6
水 —————— 大さじ2
塩 —————— 2つまみ

作り方
材料を鍋に入れて温め、仕上げに塩を加える。

ベリーを使った贅沢サラダ

材料

ブラックベリー、ブルーベリー、イチゴ	各適量
ベビーリーフ	1パック
ミックスナッツ (カシューナッツ、クルミ、アーモンドなど)	各適量
オリーブオイル	大さじ3
レモン汁	大さじ1
塩、コショウ	各少々

作り方

食べる直前に材料を軽く混ぜ、ナッツを散らす。

ベリーソースを使って

ローストポークの
ベリーソース添え (4人分)

材料

ローストポーク用ロース塊肉	600〜700g
A コショウ、ガラムマサラ、ドライローズマリー、タイム	各少々
ベリーソース	適量

作り方

1 前日に肉の3%の塩と**A**をまぶし、ラップに包んで一晩から数日冷蔵庫で熟成させる。
2 フライパンにサラダ油を熱し、肉の表面に焼き色をつける。
3 200度のオーブンで30分弱焼く。一緒にジャガイモ、トマトなどをいっしょに焼いて肉に添えてもよい。
4 ベリーソースをかける。

ブルーベリーのブランケーキ
(18cmのエンゼル型1台分)

材料

ブルーベリー	85g
薄力粉	140g
ふすま	30g
バター	100g
砂糖	100g
卵	2個
牛乳	50cc

作り方

1 薄力粉をふるい、ふすまを加える。
2 バターをハンドミキサーなどでクリーム状にし、砂糖を数回に分けて加えながら混ぜる。
3 溶き卵も数回に分けて加え、1と牛乳、ブルーベリーを手早く混ぜ、型に流し入れて180度のオーブンで30分焼く。

果樹を守る
予防と対処法

果樹を育てていると、天候や病害虫などの被害に見舞われることも多いものです。少しでも被害を避けられる方法、被害を受けてしまった場合の対処法を紹介します。

風から守る

実の落果が心配されるときは防風ネットで覆い、つる性の果樹は枝を支柱や棚にしっかり誘引しておく。被害を受けた場合、折れた枝などは取り除き、施肥をする。

雨から守る

雨によって実割れをすることが多いので、雨に弱いものは袋かけをしておくとよい。棚や支柱を設けておくと、雨天時に雨除けのビニールなどをかけられる。

暑さから守る

ひどい暑さが続き、枯れ込みなどの症状が出て木が弱っているときは、枯れ込んだ部分を取りのぞいて肥料を施す。鉢植えなら直射日光の当たらない場所へ移す。

寒さから守る

寒さが厳しい地域では、12〜2月はワラや枯れ草などで覆ったり、寒冷紗をかけたりしておくとよい。常緑樹が寒さで枯れたときは、その部分を取り除く。

病害虫から守る

発生を防ぐためには、風通しよく剪定をしておくことが何より大切。被害を見つけたら広がらないうちに虫や卵の駆除をし、被害部位を取り除いておく。

鳥獣から守る

鳥は一度場所を覚えると仲間連れでくるため、防鳥ネットで守る。野生動物に困っているときは、四方に支柱を立てネットで囲み、簡単に近づけない工夫を。

3章

ワンランク上の
果樹

本章では、おいしく実らせるのに工夫が必要なものや

家庭栽培では少しめずらしい果樹の育て方を紹介しています。

定番果樹よりも少し手間がかかるものもありますが、

それだけに、収穫できたときの喜びは大きくなるでしょう。

ワンランク上の果樹栽培に挑戦してみてください。

リンゴ

バラ科リンゴ属　原産地／西アジア

難易度　●●●

実がつくまで **5~7**年

受粉樹
必要

隔年結果
しやすい

樹種・樹高
落葉高木
3~4m

花芽
混合花芽

収穫量
耐寒性
耐陰性
耐暑性
病害虫耐性

中心に充実した花が先に咲き、周囲に複数の花がつく。

濃い緑色をしていて、葉脈が目立つ。

開花期の近い2品種以上を近くに植える

　リンゴはほとんどの品種で1本では実りません。「陸奥」「ジョナゴールド」以外の品種なら受粉樹として使えるので、開花期の近い2品種以上を近くに植えます。病害虫被害を受けやすいのでコンパクトに育てて、まめに観察をするとよいでしょう。短い枝をたくさん出すように栽培すると、実つきがよくなります。

おすすめの品種

品種名	収穫時期 7月	8月	9月	10月	11月	果実サイズ	実の色	特徴
祝（いわい）	■					小~中	緑色	明治時代から栽培されており、青りんご独特の香りや酸味が味わえる。極早生種の受粉樹としても。
つがる		■				中	赤色	「ゴールデンデリシャス」と「紅玉」の交配種。硬めの食感で果汁が多い。無袋栽培したものが「サンつがる」。暖地でも栽培可。
千秋（せんしゅう）			■			中	赤色	「東光（とうこう）」と「ふじ」の交配種。果汁が多く風味がよい。収穫前に落果しやすいので注意する。暖地でも栽培できる。
アルプス乙女			■			小	紅色	実が小さい「姫リンゴ」。1本でも実がつき、栽培にもあまり手がかからないので、初心者向き。
ジョナゴールド				■		中	紅色	さわやかな酸味でサラダにも向く。実がつくまでの年数が短く、育てやすい。受粉樹には向かない。
紅玉（こうぎょく）			■			中	紅色	酸味と甘みのバランスがよく加工に向いており、とくに菓子作りに重宝される。病気にも強い。
王林（おうりん）				■		中	黄緑色	「ゴールデンデリシャス」と「印度」の交配種。味、香りがよく、実つきもよい。袋かけが不要。日持ちもよい。
ふじ				■		中	赤色	日本産品種の代表種。ジューシーで味もよく、暖地にも向く。無袋栽培種が「サンふじ」。受粉樹にも向く。

栽培カレンダー

	1月	2月	3月	4月	5月	6月	7月	8月	9月	10月	11月	12月
植えつけ												
枝の管理							夏季剪定				冬季剪定	
花の管理				開花・人工授粉								
実の管理						摘果・袋かけ						
収　　穫												
施　　肥			元肥			追肥			礼肥			
病害虫	うどんこ病											シンクイムシ

1 🌱 【11月▶▶12月】【2月▶▶3月】

植えつけ・仕立て方

極寒期を避け、落葉後または芽吹き前に植えつけます。日当たりがよく、強風、西日の当たらないところへ。1本では実をつけない品種がほとんどなので、開花期が同じものを2品種以上植えましょう。矮性台木→P207 苗ならコンパクトに育ちます。

植えつけ

① 直径・深さとも50cmの植え穴を掘る。
② 掘り上げた土に腐葉土と肥料を混ぜ込む。
③ 植え穴に②を埋め戻す。
④ 根を広げるようにして、苗木を植える。
⑤ 周囲に水鉢を作る。
⑥ 支柱を立てて固定する。
⑦ たっぷり水やりをする。

詳しい植え方はP20参照

主幹は70〜80cmの高さで切り返して発芽を促す

70〜80cm

50cm

仕立て方

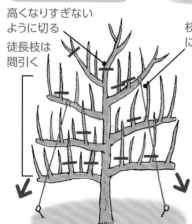

高くなりすぎないように切る
徒長枝は間引く
枝ができるだけ水平になるよう誘引する

放置すると7mほどになるので、主幹を2〜3mで止める。矮性台木の苗の場合はトレリス仕立てにすれば、コンパクトに育てられる。

実のつき方を知ろう！

冬
花芽
切り戻す
葉芽
花芽
短い枝によい実がつく

夏
収穫までに2回摘果する

長い枝は翌年に短い枝を出すために、冬剪定で先端を切る。1つの花芽（混合花芽）から5つ程度実になるが、摘果でよい実だけを残す。

2 🌱 【4月】 ✛

人工授粉

同じ時期に開花する受粉樹の花粉で自然に受粉することもありますが、確実に結実させるためには人工授粉をするとよいでしょう。小筆の先に花粉をつけて、花の中でかき混ぜます。

果そうの中央に咲く花は開花が早く、よい実になりやすい。

3 🌱 5月▶▶6月
摘果

リンゴは1つの花芽からいくつかの花をつけるため、すべての実をならせると、実が小さくなったり、翌年の花芽がつきにくくなったりします。2回に分けて摘果を行うと、確実によい実を残せます。

残す　取る　取る

1回目

実が約直径1cmになったら、1果そう ➡P205 の中の中心花が実になったものを残して摘果する。

2回目

実がピンポン玉大になったら、3果そうに1つの割合で残して、ほかは摘果する。写真は摘果後。

4 🌱 5月▶▶6月　8月▶▶11月
袋かけ・収穫

2回目の摘果後、病害虫予防や着色促進のために袋かけをします。収穫の1か月前に3日間ほど袋を少し裂いて、日光に慣らしてから袋を取ります。色づいたものから収穫し、晩生種は霜に注意を。

袋かけ

園芸店などで入手できる市販の袋を実にかけ、虫が侵入しないように、軸のつけ根で留める。

収穫

水分が豊富な晴れた日の午前中に収穫する。実を持って下から上へ持ち上げると簡単に取れる。

5 🌱 夏季 6月　冬季 12月▶▶3月
剪定

冬季剪定は落葉後の休眠期に行います。太くて勢いのある枝は茂るほうにエネルギーを注いでしまうので切りましょう。実をならせるためには、細く水平気味に伸びた枝の先端を切り、短い枝をたくさん発生させます。夏は不要枝を間引く剪定にします。

冬季
太く上に伸びた枝には実がつかないので切る
先端を切って短果枝を出す

病害虫

うどんこ病、黒星病、落葉病などの病気、アブラムシ、カイガラムシ、ハマキムシ、シンクイムシなどの害虫に注意。幼虫は捕殺し、卵は越冬時に駆除します。

うどんこ病

芽吹きの時期から収穫期まで発生する。菌糸や胞子の感染により、白い粉に覆われたような状態になる。紅玉に多くみられ、ふじにはやや少ない。雨が少ないときに発生しやすい。早めに被害箇所を見つけて摘み取る。

シンクイムシ

シンクイガの幼虫が果肉内に侵入する。移動しながら害を与えるため、実は食べられないことが多い。袋かけが有効なので、幼虫になる前の6月中旬までに袋かけを終了させておきたい。

リンゴ
保存と料理

収穫後のリンゴは室温で2週間程度、冷蔵庫で1か月程度保存できます。ともに、1つずつ保存袋に入れておくと長持ちします。長く保存したいときはやや早めに収穫するとよいでしょう。

	保存期間	方法
常温保存	約2週間	1個ずつ紙に包む
冷蔵保存	約1か月	紙に包んで袋へ
冷凍保存	約1か月	丸ごとかすりおろす
その他の保存法（本書で紹介しているもの）	ジャム	

焼きリンゴ

材料
リンゴ　1個
有塩バター　10g
砂糖　大さじ2
ブランデー（好みで）　大さじ1
シナモンパウダー　少々

作り方
1 リンゴは皮ごと洗い、水気を切って輪切りにし、芯をくり抜く。
2 バターでリンゴの両面を軽く焼いて砂糖をふる。
3 さらに両面に焼き色をつけ、好みでブランデーをかけて煮切る。最後にシナモンパウダーをふる。

リンゴジャム

果肉感たっぷり

材料
リンゴ　2個
砂糖　リンゴの15%

作り方
1 リンゴはいちょう切りにし、砂糖をまぶして一晩置く。
2 1を耐熱容器に入れ、レンジで好みのかたさになるまで加熱をくり返す。2分通電を4回くらいくり返すといい状態になる。

リンゴのポークロール

材料
リンゴ　1/2個
豚ももスライス　4枚
ベーコン　2枚
ブイヨンキューブ　1個
生クリーム　大さじ5
バター、塩、コショウ、小麦粉　各適量
水またはワイン　50cc

作り方
1 リンゴは四つ切り、ベーコンは1/2に切る。
2 豚肉は広げて塩、コショウをふり、1をのせて巻き、小麦粉をまぶす。
3 フライパンにバターを溶かし、2を入れてこんがり焼き色をつけ、水（ワイン）とブイヨンを入れ、ふたをして20分ほど弱火で煮る。
4 生クリームを加えてひと煮立ちさせ、味を調える。

ナシ

バラ科ナシ属　原産地／中国

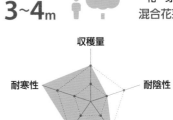

難易度　実がつくまで　受粉樹
　　　　3~4年　必要

樹種・樹高　　隔年結果
落葉高木　　　しにくい
3~4m
　　　　　　　花芽
　　　　　　　混合花芽

収穫量
耐寒性　　　　　耐陰性
耐暑性　　　　　病害虫耐性

花

白い花がかたまりでつく。やく
は花粉放出後に黒褐色となる。

葉

卵型の葉が夏に向けて緑の色
を濃くしていく。

相性のよい
受粉樹が必要

　日本ナシには果皮が赤褐色の赤ナシと緑色の青ナシがあります。栽培は赤ナシのほうが簡単ですが、青ナシにも栽培しやすいものが出てきました。1本では実がつかないので、受粉樹が必要です。組み合わせが悪いと結実しないので、相性に注意を。誘引しやすく、剪定する枝がわかりやすい棚仕立てがおすすめです。

おすすめの品種

品種名	収穫時期 8月	9月	10月	11月	受粉樹	種類	特徴
幸水 こうすい	■				豊水、長十郎 など	赤ナシ	早生の代表種。甘みがあり、みずみずしい。受粉樹にも適している。
豊水 ほうすい		■			幸水、長十郎、新興 など	赤ナシ	糖度が高いが酸味もあり、味に深みがある。果柄が折れやすいので注意。受粉樹にもなる。
長十郎 ちょうじゅうろう		■			幸水、豊水 など	赤ナシ	糖度の高い品種が広まり、栽培量は減りつつあるが病害虫に強く、育てやすい。受粉樹としても使える。
新興 しんこう			■		豊水、幸水 など	赤ナシ	大果で、やわらかめの果肉。ジューシーで甘みと酸味のバランスがよい。日持ちもよい。
新高 にいたか			■		幸水、豊水 など	赤ナシ	大果で酸味が少なく、日持ちがよい。
愛宕 あたご				■	幸水、豊水、長十郎 など	赤ナシ	赤ちゃんの頭ほどもある特大果。果汁が多く、シャキシャキとした食感。貯蔵ができるため、正月にも楽しめる。
ゴールド二十世紀 にじゅっせいき		■			幸水、豊水、長十郎 など	青ナシ	果肉はやわらかく、果汁も多い。味のバランスもよい。黒斑病に弱かった「二十世紀」の改良種。
ヤーリー			■		日本ナシ全般	中国ナシ	西洋ナシに似た形をしていて、果肉はやわらかく、特有の甘い香りがする。ほとんどの日本ナシの受粉樹として使える。

栽培カレンダー

	1月	2月	3月	4月	5月	6月	7月	8月	9月	10月	11月	12月
植えつけ												
枝の管理							夏季剪定				冬季剪定	
花の管理				開花・人工授粉								
実の管理				摘果				袋かけ				
収　穫												
施　肥			元肥			追肥			礼肥			
病害虫		赤星病								ハダニ		

1 植えつけ・仕立て方

12月▶▶3月

極寒期を避けて、日当たりがよく、水はけのよいところに植えつけます。暖地なら12月に植えて、春までに発根を促すことも可能です。2本仕立てで育てることも可能ですが、コンパクトな樹形にして枝を誘引するなら、棚仕立てがおすすめです。

植えつけ

① 直径・深さとも50cmの植え穴を掘る。
② 掘り上げた土に腐葉土と肥料を混ぜ込む。
③ 植え穴に②を埋め戻す。
④ 根を広げるようにして、苗木を植える。
⑤ 周囲に水鉢を作る。
⑥ 支柱を立てて固定する。
⑦ たっぷり水やりをする。

詳しい植え方はP20参照

主幹は70〜100cmの高さで切り返して発芽を促す

70〜100cm

50cm

仕立て方（棚仕立て）

1年目は最も勢いのある枝を主枝として誘引し、ほかの枝は元から切る。2年目は1年目に伸ばした主枝と反対側にもう1本主枝として誘引する。先に伸ばした主枝の側枝のうち、棚上のものは左右に誘引する。

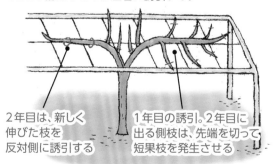

2年目は、新しく伸びた枝を反対側に誘引する

1年目の誘引。2年目に出る側枝は、先端を切って短果枝を発生させる

実のつき方を知ろう！

短い枝（短果枝）によい実がつきやすいので、長い枝の先端を切り戻して、誘引し、短果枝を増やす。

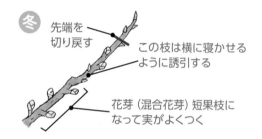

冬

先端を切り戻す

この枝は横に寝かせるように誘引する

花芽（混合花芽）短果枝になって実がよくつく

2 人工授粉

4月

1本では実がつきにくいので、異なる品種の花粉を使って人工授粉します。1つの花そう（花の塊）に7〜8個の花がつき、外側から3〜4番目の花がよい実になりやすいので、それらを中心に受粉を。

やくがピンクの花には花粉が出ていない。黒くなると花粉が出る。

3 🌱 5月▸▸6月
摘果

大きくておいしい実にするには、摘果が不可欠です。2回に分けて行い、1回目はビー玉大になったら。1果そうに1個にします。2回目はピンポン球大になったら、20cm間隔に1個に摘果します。

小さな実、傷のついた実などを取り、充実した実を1つ残す。1回目の摘果では、写真のようにできるだけ斜め上を向いた実を残す。真上に向いた実は、肥大中に重みで果柄が折れやすい。2回目は向きを気にしなくてOK。

4 🌱 6月▸▸7月　8月▸▸10月
袋かけ・収穫

病害虫から守るために袋かけをしておいたほうがよいでしょう。ナシ用の袋も市販されています。病害虫被害が発生しやすい梅雨の前までには終わらせておきます。果皮から青みがなくなれば収穫です。

袋かけ

2回目の摘果が終わったら、袋かけをする。虫が入り込まないよう、軸とひもを結んで口はしっかり閉じる。

収穫

収穫の1週間前に袋を外す。熟したものなら、持ち上げると簡単に果柄が外れる。

5 🌱 夏季 6月▸▸7月　冬季 12月▸▸2月
剪定

実つきのよい短果枝は3～4年たったら、新しい枝に更新します。それに備えて、冬季剪定では2～3年前から更新予定の枝の先端を切り戻して、短果枝を発生させていきます。夏は日当たりと風通しをよくするための不要枝を間引き、春から伸びた枝を誘引します。

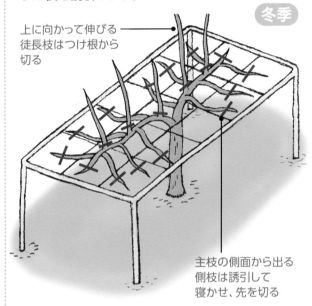

冬季

上に向かって伸びる徒長枝はつけ根から切る

主枝の側面から出る側枝は誘引して寝かせ、先を切る

病害虫

ナシは病害虫被害の多い果樹で、無農薬栽培には労力を要します。病気では赤星病、黒星病などが多く発生します。害虫はアブラムシやカイガラムシやハダニなどの幼虫による食害が発生します。

赤星病
あかほしびょう

風で運ばれた胞子により感染し、はじめは黄色やオレンジ色の斑点ができ、そののち、葉裏に細いヒゲ状の管を出す。宿主となるビャクシン類を周囲からできるだけなくし、被害部分は処分する。

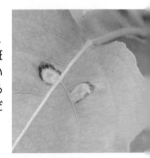

ハダニ

葉の緑色が抜けた状態から、やがて褐色になっていく。被害がないか果樹と下草を定期的に観察する。

ナシ
保存と料理

収穫後は急速に味が落ちるので、冷蔵保存を。冷凍には向きません。肉をやわらかくしたり、消化を助ける酵素も多く含まれるので、すりおろしてたれやドレッシングなどに加工するのもよいでしょう。

	保存期間	方法
常温保存	約1～2日	冷暗所で
冷蔵保存	約1週間	キッチンペーパーに包んで袋に入れる
冷凍保存	不向き	
その他の保存法（本書で紹介しているもの）	コンポート	

スペアリブとジャガイモの煮物

材料（2人分）

ナシのすりおろし —— 1個分
豚スペアリブ —— 4本
タマネギ —— 1個のスライス
ゆで卵、ジャガイモ —— 各1個
しょう油 —— 大さじ2
砂糖、サラダ油 —— 各大さじ1
ショウガ —— 1かけ

作り方

1 ナシを皮ごとすりおろし、スペアリブを最低1時間漬け込む。
2 鍋に油を熱して1の両面を焼き、タマネギ、ジャガイモ、漬け込んだナシのすりおろしと、材料がかぶるくらいの水を入れ、25分煮る。15分煮込んだところでゆで卵を加える。

コンポート

材料（2人分）

ナシ —— 2個
A | グラニュー糖 —— 80g
　| 白ワイン —— 60cc
　| 水 —— 400cc（白ワインを入れないときは460cc）
　| レモン汁 —— 小さじ1

作り方

1 ナシは皮をむいて8等分のくし形に切り、芯を取る。
2 鍋にAを入れ強火にかける。煮立ったらナシを入れて5分、さらに中火にしてアクを取りながら15分煮る。
3 レモン汁を加え、粗熱を取る。

冷麺

材料（2人分）

ナシ —— 1/2個のスライス
キュウリ（千切り） —— 1/2本
白菜キムチ —— 50g
ハム —— 2枚
生冷麺 —— 2玉
鶏ガラスープ —— 600cc
砂糖、塩 —— 適量

作り方

1 鶏ガラスープを温めて、塩と砂糖で味をつけ冷ます。
2 ナシは皮をむいて2mmにスライスし、麺はかためにゆで、水で洗っておく。
3 深めの容器に麺、キムチ、ナシ、キュウリ、ハムを盛り、スープを注ぐ。

モモ

バラ科サクラ属　原産地／中国

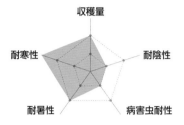

難易度	実がつくまで	受粉樹
	2~3年	品種による

樹種・樹高		隔年結果
落葉高木 2~3m		しやすい
		花芽 純正花芽

レーダーチャート：収穫量、耐陰性、病害虫耐性、耐暑性、耐寒性

花粉の少ない品種は受粉樹が必要

　人間も大好きなモモは虫たちの好物でもあり、病害虫被害の多い果樹です。薬剤をあまり使いたくないときは、害虫発生が増える前に収穫できる早生種を選ぶとよいでしょう。モモには花粉の少ない品種があります。そのような品種を育てるときは、花粉を持つ別品種を一緒に植える必要があるので、購入時にはよく確認しましょう。

品種によってピンク、白、紅色の花をたくさんつける。

細長い形が特徴。葉のエキスは肌によいとされ、お茶にも。

おすすめの品種

品種名	収穫時期				果実サイズ	受粉樹の必要	花粉	特徴
	6月	7月	8月	9月				
ちよひめ	■				小	不要	花粉あり	果汁は多いが糖度はあまり高くない。実つきがいいが、着果過多になりやすいので摘果が重要。日持ちがよい。
武井白鳳 (たけいはくほう)	■				中	不要	花粉多い	酸味が少なく、甘みが強い。樹勢が強くないのでコンパクトに育てやすい。
白鳳 (はくほう)		■			中	不要	花粉多い	日本の桃の代表品種。緻密な肉質で繊維が少ない。果汁が多く、甘みが強い。実つきがよいが、あまり日持ちしない。
あかつき		■			中	不要	花粉あり	糖度が高く酸味が少ない。実つきがよく裂果もしにくい。日持ちもよい。
大久保 (おおくぼ)		■			大	不要	花粉あり	病気に強く、栽培しやすいので初心者にもおすすめ。上品な味わいで種と果肉が外れやすく、食べやすい。
川中島白桃 (かわなかじまはくとう)			■		中	必要	花粉なし	実は硬めで甘みが強い。果皮は濃紅色で美しい。日持ちもよい。
白桃 (はくとう)			■		中	必要	花粉なし	袋かけをする有袋栽培をすることで白色となる。無袋栽培をすると赤くなる。甘みのなかに少し苦みがある。
黄金桃 (おうごんとう)			■		中	必要	花粉あり	缶詰用の黄桃を生食用に品種改良したもの。ジューシーで糖度が高い黄肉種。袋かけをすると果皮が美しい黄金色に。

栽培カレンダー

	1月	2月	3月	4月	5月	6月	7月	8月	9月	10月	11月	12月
植えつけ												
枝の管理						夏季剪定					冬季剪定	
花の管理					開花・人工授粉							
実の管理						摘果・袋かけ						
収　　穫												
施　　肥				元肥						礼肥		
病害虫					灰星病			コスカシバ				

1 🌱 12月▶▶3月

植えつけ・仕立て方

開花が早いので、暖地なら12月中に、寒冷地なら春先に植えつけます。日当たりがよく水はけのよいところに植えましょう。

植えつけ

❶ 直径・深さとも50cmの植え穴を掘る。
❷ 掘り上げた土に腐葉土と肥料を混ぜ込む。
❸ 植え穴に❷を埋め戻す。
❹ 根を広げて浅植えになるように70度くらい傾けてに苗木を植える。
❺ 周囲に水鉢を作る。
❻ 支柱を立てて固定する。
❼ たっぷり水やりをする。

詳しい植え方はP20参照

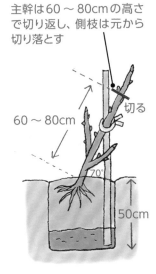

主幹は60〜80cmの高さで切り返し、側枝は元から切り落とす

切る

60〜80cm

70°

50cm

仕立て方

主幹から伸びる主枝は、充実したものを2本選んで残し、冬には先端を切る。

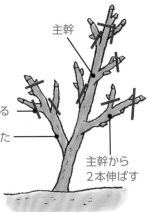

主幹

冬に先端を切る

立ち気味に出た枝を伸ばす

主幹から2本伸ばす

🌸 実のつき方を知ろう！

花芽（純正花芽）は枝の中間につく。先端には葉芽がつき、花芽と葉芽の両方つく複芽もある。

冬

葉芽も少し残して先を切る

葉芽

夏

花芽

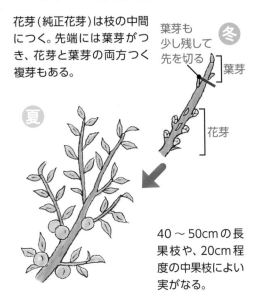

40〜50cmの長果枝や、20cm程度の中果枝によい実がなる。

2 🌱 3月▶▶4月 ＋プラスワン

人工授粉

品種によっては花粉がないものもあるので、それらには人工授粉が必要です。花粉の多い品種の花を取って、直接こすりつけます。1本で実がなる品種でも実つきが悪い場合は、人工授粉をしましょう。

美しい桃色の花は春の象徴。白桃系の品種の花には花粉がない。

3 5月
摘果

モモはたくさんの花を咲かせる代わりに、半数近くが生理的落果 ➡P206 を起こします。開花から1か月後に1回目の摘果を行い、生理的落果後の5月下旬に仕上げの摘果をします。

1回目は1枝に2〜3個になるように摘果し、最終的には、葉30枚につき1個または、15cm間隔に1個残す。

4 5月・6月▶▶8月
袋かけ・収穫

摘果が終わったら、病害虫被害や雨による裂果を防ぐためにも袋かけをします。ジューシーで甘い香りの実は虫も大好き。侵入されないよう、すき間ができないように留めておきます。

袋かけ
モモは果柄（軸）が短いので、実に袋をかけたら、枝に直接留めつける。

収穫
収穫の1週間前に袋を外して日に当てる。このときに水やりを控えめにすると甘みが増す。果肉がピンクになり、甘い香りがしたら収穫を。ハサミで果柄のつけ根を切る。

5 夏季 7月▶▶8月　冬季 12月▶▶3月
剪定

モモの花芽は枝の全体につくので、先端を切り返しても実はなりますが、先端の葉芽をすべて切り落とすと葉が少なくなり枯れてしまうので注意します。冬は葉芽を少し残して先端を切り返しましょう。夏は内部に日が当たるように不要枝を切ります。

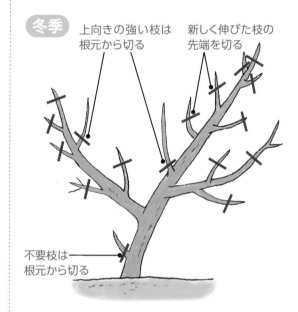

冬季

上向きの強い枝は根元から切る

新しく伸びた枝の先端を切る

不要枝は根元から切る

病害虫

モモは病害虫被害が多い果樹です。葉が茂って日光が奥まで当たらなくなると、実に灰星病が発生しやすくなります。コスカシバ、シンクイムシの幼虫による被害も目立つので、見つけたらすぐに捕殺を。

灰星病（はいほしびょう）
胞子が花に伝染し実へ。枝にも移って越冬することも。多くは収穫直前の実に褐色の病斑を作る。発病した実はすぐに取り除く。

コスカシバ
幼虫が枝や幹を食害する。糞や流れ出た樹脂を目印に、見つけ次第捕殺する。近隣に放置されたサクラ、ウメ、アンズがあると成虫が飛来し発生しやすい。

モモ

保存と料理

風通しのよい冷暗所で保存しましょう。食べる直前に冷やす以外は冷蔵保存には向きません。食べきれないときは冷凍保存か加工を。カットしたものを冷凍するときはレモン汁をつけると変色予防になります。

	保存期間	方法
常温保存	約4〜5日	紙に包む
冷蔵保存	不向き	
冷凍保存	約1か月	薄切りにして切り口にレモン汁をつける
その他の保存法 (本書で紹介しているもの)		コンポート

ポタージュ

材料(2人分)

モモ ── 1個
牛乳 ── 50g
プレーンヨーグルト ── 50g
レモン汁 ── 大さじ1/2
ラズベリーソース
── 大さじ1/2
塩、コショウ ── 適量

作り方

すべての材料をミキサーで撹拌してピューレにする。モモの果肉をスライスしてのせてもよい。

火を使わずに作るスープ

コンポート

材料(2人分)

かためのモモ
── 5個
水 ── 1ℓ
砂糖 ── 500g
日本酒または白ワイン
── 100cc
八角 ── 1かけ
黒コショウ ── 小さじ1/4
シナモンスティック
── 約2cm

作り方

1 モモは皮ごと包丁で半分に切る。種は無理に取らなくてもよい。
2 鍋に材料を入れ、20分弱火で煮てそのまま冷ます。
3 容器に入れて冷蔵保存する。1週間くらい保存が可能。

八角の風味が引き立つ

クリ

ブナ科クリ属　原産地／朝鮮半島南部

難易度　実がつくまで　　受粉樹
🌰🌰🌰　**3~4**年　　必要

隔年結果
しやすい

樹種・樹高
落葉高木
3~4m

花芽
混合花芽

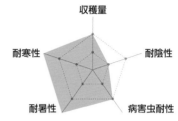

収穫量
耐寒性　　耐陰性
耐暑性　　病害虫耐性

雄花だけの穂と、穂の基部に
雌花がつくものがある。

長楕円形で、平行に並ぶ葉脈
が特徴的。

別品種の受粉樹を近くに植える

クリは暑さ寒さに強く、ほぼ日本全国で栽培できます。1本では実がつきにくいので、異なる品種のものを近くに植えておきましょう。大木になりやすいので、幼木のうちから丈を詰めて、適正な高さを保ちます。日が当たらないと花がつかなくなるので、内部が日陰にならないように、毎年、間引き剪定をしましょう。

おすすめの品種

品種名	収穫時期 8月	収穫時期 9月	収穫時期 10月	樹形	特徴
森早生（もりわせ）	▬			直立性	ほどほどの甘み。矮性なのでコンパクトに育てやすい。早生なので実に病害虫被害がつく前に収穫できる。
丹沢（たんざわ）		▬		やや開張性	早生の代表種。粒が大きく、粉っぽくて粘りはない。淡泊な甘みと香り。耐寒性もある。
筑波（つくば）		▬		やや直立性	日本でもっとも多く栽培されている品種。粉っぽくて甘み、香りもよい。貯蔵性が高い。
ぽろたん		▬		やや直立性	粒が大きく、加熱すると簡単に渋皮がとれる。粉っぽくて風味がよい。貯蔵しておくと甘みが増す。
利平栗（りへいぐり）		▬		直立性と開張性の中間	大粒で甘み・香りが強く、「栗の王様」とよばれる。中国栗との交配種で渋皮はむきやすい。貯蔵性はあまりない。
とげなし栗（ぐり）		▬		直立性	外側にトゲのない品種で収穫しやすい。見た目は珍しいが、味・香りとも普通の栗と変わりない。
石鎚（いしづち）			▬	やや開張性	大粒。粉質であまみ、香りともよい。煮崩れしにくく加工にも。実つきがよく、貯蔵性も高い。
美玖里（みくり）			▬	直立性	晩生種のなかでは粒が大きく、味がよい。果肉は黄色みが強く、渋皮が薄い。新しい品種で、ぽろたんの受粉樹にも向く。

栽培カレンダー

	1月	2月	3月	4月	5月	6月	7月	8月	9月	10月	11月	12月
植えつけ												
枝の管理							夏季剪定				冬季剪定	
花の管理							開花・人工授粉					
実の管理												
収　穫												
施　肥				元肥			追肥				礼肥	
病害虫						胴枯病				クリフシダニ		

1
12月▶▶3月

植えつけ

寒冷地では3月に植えます。日当たりがよく、水はけと水もちのよい土に植えつけます。1本では実がつきにくいので異なる品種を近くに植えます。

植えつけ

① 直径・深さとも50cmの植え穴を掘る。
② 掘り上げた土に腐葉土と肥料を混ぜ込む。
③ 植え穴に②を埋め戻す。
④ 根を広げるようにして、苗木を植える。
⑤ 周囲に水鉢を作る。
⑥ 支柱を立てて固定する。
⑦ たっぷり水やりをする。

詳しい植え方はP20参照

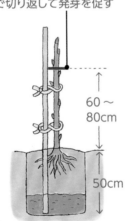

主幹は60～80cmの高さで切り返して発芽を促す

60～80cm

50cm

実のつき方を知ろう！

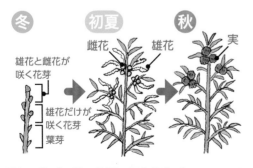

冬　初夏　秋

雌花　雄花　実

雄花と雌花が咲く花芽

雄花だけが咲く花芽

葉芽

前年に伸びた枝の先端に混合花芽がつき、そこから伸びた枝に雄花と雌花がつく。

2

仕立て方

クリは高木になりやすいので、コンパクトに育てていきましょう。充実した枝2本を主枝として、ほかの枝は元から切って、2本仕立てにします。

2 年目 冬

主枝とその反対側にもう1本伸ばして誘引し、2本仕立ての骨格を作る。

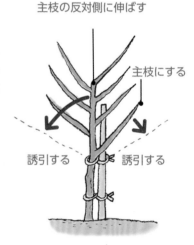

主枝の反対側に伸ばす

主枝にする

誘引する　誘引する

3 年目 冬

勢いよく伸びた枝は根元から切り、新しく伸びた枝先を切る。

新しく伸びた枝の先端は1/3切り返す

徒長枝は根元から切る

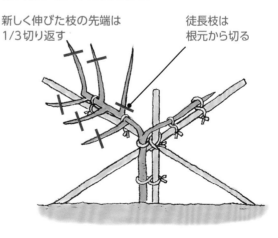

3 6月 ＋プラスワン

人工授粉

近くに受粉樹がある場合は、人工授粉は不要です。実つきがよくない場合や確実に実をつけたい場合は、同時期に咲いた別の品種の雄花の花粉を雌花につけて、受粉させます。

雄花

穂状のものが雄花。白い小さな花を一斉に咲かせる。

雌花

雄花の基部につく。先端の白っぽい部分が雌しべ。

4 8月▶▶10月

収穫

イガが緑色から褐色になり、上部が裂けて中の実が見えるようになってきたら収穫適期です。熟すと自然落果するので、トゲに気をつけて収穫を。棒で叩き落した場合、未熟なものも混じります。

樹上の実
イガが裂けて実が見えているものは収穫できる。

落ちた実
自然落果したものはイガを靴をはいたまま足で開くか、火バサミなどを使って開いて、中の実を取り出す。

5 夏季 6月 冬季 12月▶▶3月

剪定

夏も冬も間引き剪定を中心に行います。日が当たらないところには花がつかないので、日陰を作らないように込み合った部分を間引き、枯れた枝などを取り除きます。

冬季

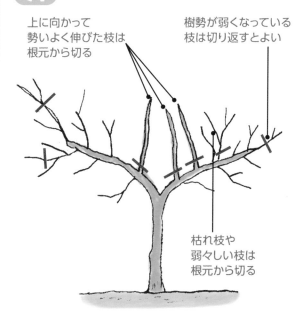

上に向かって勢いよく伸びた枝は根元から切る

樹勢が弱くなっている枝は切り返すとよい

枯れ枝や弱々しい枝は根元から切る

病害虫

以前はクリタマバチの被害が深刻でしたが、1950年代からはクリタマバチ耐性の品種が増え、あまり心配いりません。日焼けによる胴枯病やクリオオアブラムシ、クリフシダニなどの被害に注意。

胴枯病
どう かれびょう

幹や枝に病原菌がつき、樹皮が褐色に変色、隆起する。進行すると枯れることもある。

クリフシダニ
成虫が葉裏より侵入して虫こぶを作る。被害がひどくなると葉の光合成が阻害されたり、落葉したりする。越冬して翌年にも影響が出るので被害部位は処分する。

クリ
保存と料理

収穫後はすぐ水につけて半日ほど置き、実の中の虫を駆除します。多くは日持ちしないので、ポリ袋に入れて冷蔵庫で保存を。低温で保存しておくと、デンプンが糖に変わり、甘くなります。

	保存期間	方法
常温保存	約2～3日	水につけておく
冷蔵保存	約1週間	水につけたあと1日干して袋に入れる
冷凍保存	約6か月（皮ごと）、約3か月（つぶしたもの）	
その他の保存法	なし	

おこわ

材料

栗	20粒
もち米	500g
A 塩	小さじ1
薄口しょう油	小さじ1
酒	大さじ3
うち水	お玉1/2杯を2回分
黒ゴマ	適量

作り方

1 もち米は洗い、一晩水に浸ける。
2 栗は熱湯につけてから、皮と渋皮をむき、一晩塩水に浸ける。
3 砂糖をまぶし、一晩冷凍する。
4 蒸し器にふきんを敷いてもち米を入れ、クリをのせて30分蒸す（途中打ち水もする）。
5 Aを入れて混ぜ合わせ、さらに5分ほど蒸す。
6 食べる直前に黒ゴマを散らす。

ホクホク感を味わえる

栗まんじゅう

材料（10個分）

[皮の配合]

薄力粉	150g
卵	1個
卵黄	1個分
砂糖	50g
バター	30g
シロップ	10g

（砂糖と水各50gを鍋で煮立てる）

[フィリング（中身）]

ゆで栗（または栗の甘露煮）	6個
白あん	150g

作り方

1 栗は細かくしておく（栗の粒だとわかる程度に）。
2 卵と砂糖をボウルに入れ、溶かしたバターとシロップ、薄力粉を加え、生地をまとめる。
3 1と白あんを2の生地で包み、成型する。べたつくようなら、打ち粉（分量外）を適宜使う。
4 3にシロップと卵黄を混ぜたつや出しをぬり、160度のオーブンで12分焼く。

191

サクランボ

バラ科サクラ属　原産地／西アジア、黒海沿岸地方

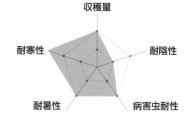

難易度

実がつくまで
4〜5年

受粉樹
必要

隔年結果
しにくい

樹種・樹高
落葉高木
3〜4m

花芽
純正花芽

収穫量
耐寒性
耐陰性
耐暑性
病害虫耐性

梅雨どきの裂果に注意する

　花と赤い実が楽しめます。ただし、多くの品種では収穫間近の実が梅雨にさらされ裂果しやすくなります。袋をかけるか雨よけをつけましょう。1本では実をつけにくい品種がほとんどなので、相性のよい別品種の花粉で人工授粉をします。庭植えの場合は大木になりやすいので、根の広がりを抑えて植えるとよいでしょう。

花

白や桜色の花がたくさんつく。つきすぎたときは摘花を。

葉

細長い葉が垂れ下がり、葉の裏には細かい毛が生えています。

おすすめの品種

品種名	収穫時期 5月	収穫時期 6月	果実サイズ	果実色	相性のよい受粉樹	特徴
暖地桜桃（だんちおうとう）	▬		小	紅	自家受粉する	シナミザクラ種でほかのサクランボと種が異なる。1本でたくさん実がなるが小さく、生食にはむかない。鑑賞目的の場合が多い。
香夏錦（こうかにしき）	▬		中	黄〜紅	佐藤錦、高砂、ナポレオン	中粒。果汁が多く、甘みがあり、酸味は少ない。梅雨に入る前に収穫できるので裂果が少ない。
佐藤錦（さとうにしき）		▬	大	紅	紅秀峰、高砂、ナポレオン	味がよいうえにつややかで鮮やかな見た目。サクランボの最高品種といわれる。冷涼な気候を好む。
高砂（たかさご）		▬	中	紅	佐藤錦、紅秀峰、ナポレオン	ジューシーで甘く、酸味とのバランスもよい。暑さや乾燥に強く、育てやすい。初心者におすすめ。
紅きらり（べにきらり）		▬▬	中	黄〜紅	自家受粉する	大粒で果汁が多く、すっきりとした甘さ。花粉が多く、1本でも実がなり、サクランボの味わいが楽しめると近年注目の品種。
南陽（なんよう）		▬	大	黄〜紅	紅秀峰、高砂、ナポレオン	大粒で果汁が多く、さっぱりとした甘さ。果皮は薄い紅色。収穫が梅雨時なので裂果が起こりやすい。
ナポレオン		▬	中	紅	紅秀峰、高砂、佐藤錦	大粒。酸味があるがジューシーで香りがよい。実つきがよく、育てやすい。
紅秀峰（べにしゅうほう）		▬	大	紅	佐藤錦、高砂、ナポレオン	大粒。糖度が高く、酸味は少ない。果肉が硬く食べ応えがある。日持ちもよい。実つきがとてもよいので摘果が必要。

栽培カレンダー

	1月	2月	3月	4月	5月	6月	7月	8月	9月	10月	11月	12月
植えつけ												
枝の管理			冬季剪定					夏季剪定				
花の管理					開花・人工受粉							
実の管理												
収　　穫												
施　　肥			元肥				追肥	礼肥				
病　害　虫					灰星病			カイガラムシ				

1 🌱 11月▶▶3月

植えつけ

サクランボは放置していると、5～6年で7～8mほどの大木になるといわれています。矮性台木➡P207 の苗木がないため、コンパクトに仕立てます。下のイラストのように根域制限をすると効果がありますが、水切れしやすいので注意しましょう。

植えつけ

① 直径・深さとも50cmの植え穴を掘る。
② 掘り上げた土に腐葉土と肥料を混ぜ込む。
③ 植え穴に②を埋め戻す。
④ 根を広げるようにして、苗木を植える。
⑤ 周囲に水鉢を作る。
⑥ 支柱を立てて固定する。
⑦ たっぷり水やりをする。

詳しい植え方はP20参照

主幹は60～70cmの高さで切り返して発芽を促す

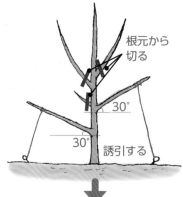

60～70cm / 50cm

根域制限

根のまわり1mのところをブロックで囲う。大きな素焼きの鉢に植えて、土が上に10cmかぶる程度に鉢ごと庭に埋めても。

1m

ブロック

2 🌱

仕立て方

枝が上向きに伸びやすいため、早いうちから誘引して樹高を抑えます。横に伸びる枝を水平方向に誘引することで、樹勢が抑えられ、花芽が多くつきます。2年目には主幹も斜めに誘引します。

1年目 冬

2本の側枝を30度の角度で誘引する。上に伸びる主幹は1本だけ残し、ほかは根元から切る。

根元から切る

30° / 30°

誘引する

2年目 夏

主幹を斜めに誘引する。新しく上側に伸びた側枝も誘引する。

斜めに誘引する

新しく伸びた枝も誘引する

実のつき方を知ろう！

短果枝に多く実がつく。春から伸びた枝を切り返すと、花束状短果枝が多くつき、さらに実つきがよくなる。

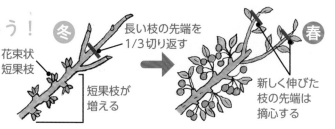

冬 長い枝の先端を1/3切り返す 春

花束状短果枝

短果枝が増える

新しく伸びた枝の先端は摘心する

3 🌱 4月▶▶5月
人工授粉

誘引した場合、2年目から花芽がつき始めますが、株を充実させるためにすべて摘蕾します。3年目以降の開花から、1本では実がつきにくい品種では、相性のよい別品種の花粉を結実させたい花につけます。

▲別品種の花の中をかき回した筆を、結実させたい花の中でかき回す。または別品種の花を摘んで、直接雌しべにこすりつけてもよい。
▶受粉樹がない場合は、市販の花粉を購入することもできる。

4 🌱 5月▶▶7月
収穫

きれいに色づいたものから収穫します。熟したものなら、果柄を持ち上げると簡単に取れます。収穫が梅雨よりあとになる場合は、ビニールなどで雨除けをしておくとよいでしょう。

裂果しているものは、雨によることが多い。鳥被害の恐れがあるときは、木全体にネットをかけておくとよい。

5 🌱 夏季 6月▶▶7月　冬季 12月▶▶2月
剪定

冬季剪定では主幹が伸びていたら適当な高さで切り戻します。込み合った枝は間引きしておきましょう。6〜7月にその年に伸びた枝の先端を切り戻しておくと、翌年にたくさん花芽がつきます。

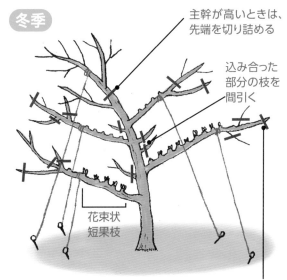

冬季

主幹が高いときは、先端を切り詰める

込み合った部分の枝を間引く

花束状短果枝

新しく伸びた枝の先端を切り、翌年の花芽を増やす

病害虫

果実、花、葉に被害を与える灰星病に注意が必要です。害虫では、カイガラムシやアメリカシロヒトリが多く発生します。見つけたらすぐに駆除し、被害を受けた部分は枝ごと処分を。

灰星病
<small>はい ほし びょう</small>

一晩で枝全体に被害が広がることもある。花は灰褐色になって枯れ、実は黒褐色の斑点からやがて茶褐色になって腐敗する。実が被害を受けてからでは手遅れなので、花に被害が見られたらすぐに取り除く。

カイガラムシ

枝や幹に白い貝殻状の虫がつく。ひどくなると部分的に枝が枯れ始め、やがて枝全体に広がる。冬の間に被害部位をブラシで取り除く。

サクランボ
保存と料理

品種によって収穫後の日持ちには差があります。いずれも収穫後は、乾燥しないようにキッチンペーパーなどで包み、保存袋や保存容器に入れて冷蔵庫へ。食べきれない分は加工や冷凍をしましょう。

	保存期間	方法
常温保存	不向き	
冷蔵保存	約2日	キッチンペーパーを敷いた密閉容器に入れる
冷凍保存	約1か月	糖分が高い水分と一緒に
その他の保存法（本書で紹介しているもの）	サクランボの "ウメ" 干し	

サクランボの "ウメ干し"

材料 (作りやすい分量)

サクランボ ──────── 1kg
(酸っぱくて生食できなかったものなどでよい)
塩 ──────────── 15%
梅酒用焼酎 ─────── 100cc
赤シソ ─────────── 1束
ウメ酢 ➡P81 ─────── 100cc
塩 ──────────── 大さじ2
(赤シソもみ用)

作り方

1 サクランボは洗って水気をふき取る。
2 容器に塩、サクランボ、焼酎を入れ、1週間ほど冷暗所に置き、ときどき容器をふって混ぜる。
3 赤シソをよく洗い、少し乾かしてから梅酢と塩を入れてよくもみ、汁気を絞って2の容器に入れる。
4 約1か月漬け、ウメ干しのように晴天の日に3日間干す ➡P81 。

ウメ干しと同じ食感でやや甘い

サクランボの焼き菓子 (クラフティ)

材料 (直径8cmパイレックス4個分)

A　薄力粉 ────── 30g
　　生クリーム ──── 100g
　　牛乳 ─────── 50cc
　　砂糖 ─────── 50g
　　卵 ──────── 1個
サクランボ ────── 30粒程度
粉砂糖 ──────── 適量

作り方

Aを混ぜ、サクランボをちらした容器に流し入れ、170度のオーブンで15〜20分焼く。好みで粉砂糖をふる。

フランスの伝統菓子はやさしい甘さ

実のなる庭木

何種類もの果樹を栽培するのは大変ですが、
庭木として植えていた木に食べられる実がついていたら、うれしいサプライズです。
ここでは、実の収穫もできる庭木を紹介します。
本格的な果樹栽培をはじめる前のスタートツリーに向いていますし、
手間をかけずに、もう1本果樹を育てたいという人にもおすすめです。

フェイジョア

フトモモ科フェイジョア属　原産地／ウルグアイ、パラグアイ、ブラジル南部

難易度	実がつくまで	受粉樹 必要（例外あり）
	4〜5年	
樹種・樹高 常緑高木 **2.5〜3m**		隔年結果 しにくい
		花芽 混合花芽

ここが人気！

美しく優雅な花と香り高い果実

　裏が銀白色でオリーブのような趣のある常緑の葉や、赤く優雅な雄しべと雌しべが美しく、庭木として人気があります。南米原産ですが比較的寒さにも強く、柑橘類が育つ地域では栽培が可能です。果実にはバナナのような香りと、洋ナシとモモを合わせたような風味があるのも魅力です。ほとんど市場に出回らないので自ら栽培するのも楽しみです。

お世話ポイント

枝の混みすぎに注意

　常緑樹で樹勢が強く、放任すると高さ5mをこえることもあります。幼木の時期に主幹を切り返して高さを決めたら、それを維持するように管理します。地面から50㎝くらいまでのところに出た枝を切り取り主枝を2、3本にして仕立てるか、株仕立てにします。よく分枝するので不要枝を切り取りますが、枝の先端近くに花芽がつくので、春に枝先を切りすぎると実つきが悪くなります。

楽しみ方

実はそのまま食べたり、ジャムにしてもよい。花も食べることができ、花びらをサラダやヨーグルトに入れるのがおすすめ。しべ部分は苦味がある。

栽培カレンダー

	1月	2月	3月	4月	5月	6月	7月	8月	9月	10月	11月	12月
植えつけ			▬▬▬▬▬									
枝の管理			▬▬ 剪定									
花の管理						▬▬▬ 開花・人工受粉						
実の管理								▬▬ 摘果				
収穫										▬▬▬		
施肥			元肥							▬ 礼肥		
病害虫				▬▬ カイガラムシ類 ▬▬				コウモリガ				

オリーブ

モクセイ科オレア属　原産地／中近東〜地中海沿岸

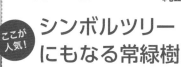

難易度	実がつくまで	受粉樹 必要 (例外あり)
🫒🫒🫒	**3〜4**年	
樹種・樹高 常緑高木 **2.5〜4**m		隔年結果 しやすい
		花 芽 純正花芽

ここが人気！ シンボルツリーにもなる常緑樹

　オリーブは旧約聖書に平和と友愛のシンボルとして登場するほど古くから親しまれてきた果樹で、日本へは江戸時代に入ってきた記録があります。常緑で銀色がかった葉が密に繁って美しく、庭木や鉢植えとして人気があります。中近東から地中海沿岸が原産地ですが、丈夫で、寒さにも比較的強く、−10℃にも耐えます。

楽しみ方

生食はできないので、重曹などで渋抜きしてから塩漬けやピクルスにすると歯ごたえのある味が楽しめる。渋抜きに苛性ソーダを使う場合は扱いに注意を。

お世話ポイント 花芽ができるには低温が必要

　乾燥や潮風にも強く、やせた土地でも育ちます。鉢植えにする場合には水切れしないように注意しましょう。花芽が作られるためには冬期に−10℃以下の低温にあう必要があり、冬に低温にならない地域では花芽ができにくくなります。花は風媒花のため自然に受粉しますが、同じ時期に咲く受粉樹を植えて、両方の花をこすり合わせるようにして人工受粉するとよく実ります。

栽培カレンダー

	1月	2月	3月	4月	5月	6月	7月	8月	9月	10月	11月	12月
植えつけ												
枝の管理			冬季剪定		間引き剪定							
花の管理						開花・人工受粉						
実の管理								摘果				
収　穫												
施　肥	礼肥			元肥			追肥				礼肥	
病害虫			梢枯病・炭疽病									ゾウムシ

1 🌱 3月▶▶5月

植えつけ・仕立て方

樹形によって、枝が比較的真っ直ぐ上にのびる直立性タイプと、分枝した枝がななめ上に伸びる開張性タイプがあるので、植えるスペースを考えて品種を選ぶとよいでしょう。

1本仕立て

直立性タイプの品種に向く仕立て方。地上から2m程度のところで主幹を切って高さを制限し、幹から出る主枝は上を切り返す。

2mほどの位置で主幹を切る

長い枝は先端を切り返す

徒長枝や枯れ枝など不要枝は切り取る

2本仕立て

開張性タイプにおすすめ。主幹を低い位置で切り、主枝を2〜3本残して枝を整理する。分枝しやすいので不要枝を切って風通しや日当たりをよくする。

主枝を2〜3本にする

主幹は低い位置で切っておく

徒長枝や枯れ枝など不要枝は切り取る

実のつき方を知ろう！

前の年に伸びた枝の中間あたりに花芽がつく。枝は先端を切っても花つきや実つきに影響しないので、伸びすぎた枝は先端を切る。

冬

花芽

長い枝は先端を切る

秋

ひとつの花芽には20〜40個の花が房になって咲くので人工授粉する。実は摘果で1房に1〜3個にする。

2 🌱 7月▶▶8月　9月▶▶12月

摘果・収穫

品種の違う木を2本、近くに植えると実つきがよくなります。1か所に実が集まってつくので、たくさん実がついたら養分の取り合いにならないように、大きめのものを1房に1〜3個残し、ほかは摘み取ります。

指で実をつまみ、引っ張って摘み取る。

おすすめの品種

品種名	受粉樹の必要	花粉	特徴
マンザニロ	必要	花粉あり	隔年結果が少なく、実つきがよい。実はピクルスや塩漬けに向く。
ネバディロ・ブランコ	必要	花粉あり	花粉が多く、代表的な受粉樹用の品種。実つきもよくオイルに向く。
ルッカ	不要	花粉あり	隔年結果しやすい傾向あり。さかんに成長し実つきもよい。実はオイルなどに向く。
ミッション	必要	花粉あり	自家受粉しやすい。直立性で大木になるので、枝を低く切る。実は塩づけに向く。
レッチーノ	必要	花粉あり	丈夫で育てやすい。比較的実が大きくて実つきもよい。オイル、塩漬けに向く。
フラントイオ	必要	花粉あり	受粉樹にも向く。実つきがよく、実はオイルに向く。
ピッチョリーネ	不要	花粉あり	花粉が多く、1本でも結実する。受粉樹に向く。実はピクルスなどに向く。

ジューンベリー

バラ科ザイフリボク属　原産地／北アメリカ

難易度	実がつくまで	受粉樹
●●●	**3〜4**年	**不要**（例外あり）

樹種・樹高		隔年結果
落葉高木 **2〜5m**		しにくい
		花芽 混合花芽

ここが人気！ 花、果実、紅葉とオールシーズン楽しむ

日本に自生するザイフリボクという落葉樹と同じザイフリボク属ですが、北アメリカの原産で、春には白色の細長い5枚の花びらの花が咲きます。果実は初夏に熟し、生で食べられるほか、ジャムや果実酒にも利用でき、秋には美しく紅葉して四季折々に楽しめるため、シンボルツリーとしても人気があります。

楽しみ方

実は果肉がやわらかくなったら摘みごろ。日持ちがしないので、収穫したら早めに生食するかジャムなどに加工する。冷凍しておいてもよい。

お世話ポイント ひこばえや徒長枝はまめに切る

丈夫で半日陰でも育ちますが、放任すると5m近くになります。高くなりすぎると管理がしにくいので、適度な高さを維持するように剪定しましょう。また、株元からひこばえがよく発生し、主枝からの細い枝の発生も多く見られます。ひこばえや不要枝を整理して、風通しと日当たりをよくしてやります。また、西日が当たり乾燥する場所では根が傷み、生育が悪くなります。

栽培カレンダー

	1月	2月	3月	4月	5月	6月	7月	8月	9月	10月	11月	12月
植えつけ												
枝の管理			冬季剪定				夏季剪定					
花の管理					開花・人工受粉							
実の管理	※とくになし											
収穫												
施肥		元肥		元肥					礼肥		元肥	
病害虫				アブラムシ								

1 植えつけ・仕立て方

12月 ▶▶ 3月

暑さにも寒さにも、半日陰にも耐えるので、比較的場所を選ばずに植えられます。夏の乾燥と、西日が当たる場所では生育が悪くなります。放任すると高木になるので、管理しやすい高さを保つように剪定で樹形を整えます。

1本仕立て

管理できる高さで主幹を切って成長を止める。幹の根元からでるひこばえや勢いの強い枝は切り取って間引き、風通しをよくする。

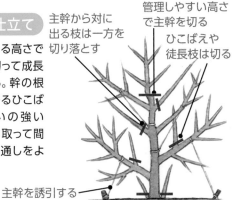

主幹から対に出る枝は一方を切り落とす

管理しやすい高さで主幹を切る

ひこばえや徒長枝は切る

主幹を誘引する

株仕立て

主枝が混み合わないように、育てる枝を数本に決めて、ほかのひこばえを取り除き、株全体に風が通り、日が当たるようにする。

混み合う枝、不要枝は取り除く

育てる枝以外はひこばえを切る

実のつき方を知ろう！

前の年に伸びた枝（前年枝）の先端付近に混合花芽がつく。

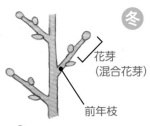

冬

花芽（混合花芽）

前年枝

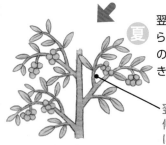

夏

翌年に混合花芽から枝が伸びて、枝の基部に花が咲き、実になる。

翌年に枝が伸び、伸びた枝の基部に花と実がつく

ここもポイント

鳥の被害はネットで守る

花や果実は房状に集まってつき、一房の果実が順々に熟していきます。果実は鳥に食べられることがあるので、防鳥ネットなどで全体をおおって保護しておくとよいでしょう。赤紫色に色づいたら食べごろです。熟したものから収穫しましょう。

おすすめの品種

品種名	受粉樹の必要	花粉	特徴
オータム・ブリリアンス	不要	花粉あり	果実は小さめ。樹形は直立性で1本仕立てに向く。
スノーフレーク	不要	花粉あり	樹形はほうき状で、よくひこばえがでるので、株仕立てに向く。
ネルソン	不要	花粉あり	遅咲きで、果実が大きくて甘い。小型の品種であまり背が高くならないので、せまい庭に向く。
オベリスク	不要	花粉あり	蕾が紅色で、花は咲き進むにつれて淡いピンクから白色になる。
ロビンヒル	不要	花粉あり	蕾が紅色で、花は咲き進むにつれて淡いピンクから白色になる。
ラマルキー	不要	花粉あり	早咲きで花つきがよく、紅葉も美しいので庭木としても楽しめる。
ノースライン	不要	花粉あり	果実が大きく甘いのが特徴。果肉がしっかりしていて歯ごたえがある。

ザクロ

ミソハギ科ザクロ属　原産地／西アジア

難易度	実がつくまで	受粉樹
	5〜6年	不要

樹種・樹高	隔年結果
落葉高木 3〜4m	しにくい
	花芽 混合花芽

ここが人気！ 実つきがよく、花も美しい

　ザクロは3000年以上前から栽培され、古代ヘブライ王国のソロモン王は、この花の形から王冠を思いついたとの言い伝えも。日本へは中国から伝わり、果実よりも花の観賞で発展してきました。欧米では果実を利用する品種がおもに作られています。寒冷地では落葉しますが、暖かい地域では常緑で、庭木としても楽しめます。

楽しみ方

果実には多数の種子があり、そのまわりにある果肉を利用する。ジューシーな果肉を生食したり、ジャムやジュースにしたり、料理のソースにつかったりとさまざまに利用できる。

お世話ポイント　肥料のやりすぎに注意する

　たいへん丈夫で、寒さや暑さに強く、病気や害虫もほとんどなく、育てやすい果樹です。樹勢が強いのでさかんに生長しますが、とくにチッ素肥料を多用すると枝葉が茂りすぎて花つきや実つきが悪くなります。花と実は枝先につくので、枝先の切り返し剪定は慎重に行いましょう。花を観賞する花ザクロと果樹をつける実ザクロがあるので、実ザクロの品種を選んで植えます。

栽培カレンダー

	1月	2月	3月	4月	5月	6月	7月	8月	9月	10月	11月	12月
植えつけ												
枝の管理		冬季剪定					夏季剪定					
花の管理						開花・人工受粉						
実の管理							摘果					
収　穫									収穫			
施　肥			元肥				追肥				礼肥	
病害虫				カイガラムシ								

1 植えつけ・仕立て方

12月▶▶3月

果樹として栽培するときは実ザクロの品種を選んで植えるとよいでしょう。日陰になる場所では実つきが悪くなるので、日当たりがよく水はけ・水もちのよい場所を選んで植えます。乾燥には強いのですが過湿になると成長が悪くなります。

株仕立て

樹勢が強いので地際から何本もの枝が出てくる。数本を選び、不要な枝は地際から切り取り株元が混みすぎないよう樹形を整える。放任すると樹高が高くなって管理しにくいので、主幹や主枝は適度な高さで切りそろえる。

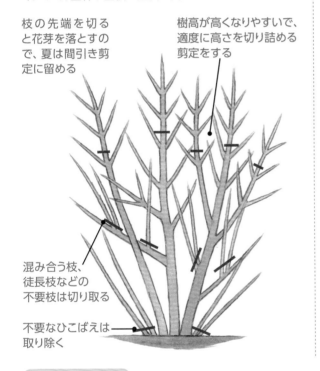

枝の先端を切ると花芽を落とすので、夏は間引き剪定に留める

樹高が高くなりやすいで、適度に高さを切り詰める剪定をする

混み合う枝、徒長枝などの不要枝は切り取る

不要なひこばえは取り除く

実のつき方を知ろう！

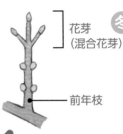

前の年に伸びた枝（前年枝）の先端付近に混合花芽がつく。

花芽（混合花芽）

冬

前年枝

秋

翌年に混合花芽から枝が伸びて、枝の先端に花や実がつく。

翌年に伸びた枝の先端に花と実がつく

 やりがちな失敗！

割れた実が腐る

ザクロは完熟すると果皮がさけて割れる品種がありますが、そこから雨などがしみこんで腐ってしまうことがあります。割れる直前に収穫するか、ビニール袋などで雨よけをするとよいでしょう。

おすすめの品種

品種名	果実サイズ	裂果	特徴
大実ザクロ	中	する	日本の代表品種で、花も美しい。果肉には酸味と甘みがあり、生食のほか果実酒にも向く。
水晶ザクロ	大	する	中国でつくられてきた品種。花も果皮も黄色く、果肉は熟すと赤くなる。甘みがあり、生食に向く。
カリフォルニア・ザクロ	大	しない	欧米でつくられてきた品種。実が大きく、果実は酸味が少なく甘みが強い。
ルビーレッド	大	する	欧米でつくられてきた品種。実が大きく、熟すと鮮やかな赤紫色になる。
ペルシャブラック	中	しない	欧米でつくられてきた品種。花や果肉が黒みがかった紫色で、果汁にはこくがあり、ジュースに向く。
スイートハニー	中	する	「タネなしザクロ」とも呼ばれ、タネまで食べられる。果汁はとろみがあり、ジュースやソースに使う。

ポポー

バンレイシ科アシミナ属　原産地／北アメリカ

難易度	実がつくまで	受粉樹
	3～4年	**必要**（例外あり）

樹種・樹高		隔年結果
落葉高木 **3～4**m		しない
		花芽 純正花芽

ここが人気！ 一般流通の少ない稀少さが人気

ポポーは、葉が開きはじめる前の5月上旬に、チョコレート色の花を咲かせます。古くから栽培されていましたが、果皮がやわらかく貯蔵性が悪いため市場に流通することはほとんどありません。果肉は強い香りがある品種と香りの少ない品種があり、クリーミーでミネラル分やアミノ酸を多くふくみます。果実の中には大きな種子が入っています。

お世話ポイント 人工授粉で収穫量アップ

枝がやわらかくて折れやすいので、強い風が当たる場所を避けて植えましょう。葉が大きいので水切れしないように注意します。チョコレート色の特徴的な花には雄しべと雌しべがそろっていますが、雄しべと雌しべの熟す時期が異なり自家受粉しにくいので、別品種の木を植えると実つきがよくなります。一か所に複数の実がついたら、摘果して1～2個にしましょう。

楽しみ方

果実はほんのりとした香りがありクリーミーで、そのままでもおいしく食べられる。ヨーグルトや牛乳とミキサーにかけスムージーにしたり、アイスクリームにしたりできる。

栽培カレンダー

	1月	2月	3月	4月	5月	6月	7月	8月	9月	10月	11月	12月
植えつけ												
枝の管理								夏季剪定			冬季剪定	
花の管理						開花・人工受粉						
実の管理								摘果				
収　　穫												
施　　肥				元肥			追肥				礼肥	
病害虫											ハキリバチ	

果樹栽培の用語解説

 あ

亜主枝 (あしゅし)
主枝から発生する枝で、主枝の次に太い枝。ふつうは更新しないで数年間、側枝や結果枝を出させる。

一年生枝 (いちねんせいし)
その年に伸びた枝。1年枝、当年枝、新梢などともいう。

腋芽 (えきが)
葉のつけ根と枝との間にできる芽。

大苗 (おおなえ)
接ぎ木や挿し木から2～3年育てた苗で、いくつも枝分かれしたもの。早く収穫したい場合に向いている。

雄しべ (おしべ)
花粉を排出する器官で、花糸と呼ばれる糸状の軸と花粉を溜めておく葯（やく）で構成されている。雄しべのみをもつ花を雄花という。

晩生種 (おくてしゅ)
収穫時期が、その種類の平均的な時期より遅い品種。

親木 (おやぎ)
接ぎ木する際の穂木や、挿し木する際の挿し穂をとる木のこと。

 か

開張性 (かいちょうせい)
枝が横に広がって伸びる性質。樹形の性質のひとつ。

花芽 (かが)
芽の中に花のもとが入っている芽。花だけがあらわれる純正花芽と、花とともに枝や葉もあらわれる混合花芽がある。

化学肥料 (かがくひりょう)
化学的に合成した、あるいは特定の成分だけを取り出したものを原料とする肥料。

花芽分化 (かがぶんか)
芽の中で、花のもとができること。

隔年結果 (かくねんけっか)
1年おきに果実の豊作年と不作の年をくり返すこと。

化成肥料 (かせいひりょう)
化学肥料で、3大成分（窒素、リン酸、カリ）のうち2つ以上をふくむもの。

果そう (かそう)
サクランボなどのように、果実が一か所に数個まとまってついている状態。リンゴやナシにも見られる。

花束状短果枝 (かそくじょうたんし)
複数の花芽が密集してついた短果枝。サクランボ、モモ、ウメなどに見られる。

活着 (かっちゃく)
接ぎ木や挿し木をしたり、植えかえたりした植物が根づいて生長を始めること。

果柄 (かへい)
果実と枝をつないでいる部分。果梗（かこう）ともいう。

果房／花房 (かぼう)
果実（または花）が房のようにまとまっている状態。

寒冷紗 (かんれいしゃ)
たて糸とよこ糸を粗く平織りで織り込んだうすい布。遮光や防寒などのために用いることがある。

休眠 (きゅうみん)
低温期や高温期など生育に適さない時期に、一時的に生育を停止すること。休眠中の期間を休眠期という。

結果枝 (けっかし)
花芽や果実をつける枝。枝の長さによって、長果枝、中果枝、短果枝に分けることもある。

結果習性 (けっかしゅうせい)
花芽がどの枝のどの部分にいつできて実になるかという、それぞれの果樹が備えている習性のこと。

結果母枝 (けっかぼし)
結果枝を出す枝で、柑橘類、ブドウ、カキ、クリなどにある。

結実 (けつじつ)
果実が実をつけること。

 さ

挿し木 (さしき)
新梢や枝を切り取って土に挿して根を出させ、苗をつくる方法。

自家不和合性 (じかふわごうせい)
同じ木の別の花、あるいは同じ品種の花粉では結実しにくい性質。

自家和合性 (じかわごうせい)
同じ木の別の花、あるいは同じ品種の花粉で結実する性質。

四季なり性 (しきなりせい)
季節関係なく、ある程度一定の温度を保っていれば周年、実をつける性質。レモンなどに四季なり性の品種がある。

ジベレリン処理（じべれりんしょり）
植物ホルモンの一種ジベレリンの水溶液を使って、タネなしにしたり、果実の成長を促したりすること。

雌雄異花（しゆういか）
1本の木に雄しべをもつ雄花と雌しべをもつ雌花があること。雄花と雌花が別々の木につくことは、雌雄異株（しゆういしゅ）という。

主幹（しゅかん）
1本の木のなかで、地表から伸び上がるもっとも太くて骨組みとなる幹。

樹冠（じゅかん）
樹の輪郭。樹の枝先をつないでイメージできる。

主枝（しゅし）
主幹から発生する太い枝。ふつうは骨組みの枝として数年間切らないで、亜主枝や側枝を出させる。

樹勢（じゅせい）
木の生長の度合い。枝の伸びる勢いや太り具合で確認。

受粉（じゅふん）
花粉が雌しべの先端にある柱頭につくこと。

受粉樹（じゅふんじゅ）
結実のために花粉を提供する木。自家不和合性の果樹では異なる品種の樹が受粉樹として使われる。

人工授粉（じんこうじゅふん）
人為的に受粉を行うこと。虫や風によって自然に受粉する果樹でも人工授粉することで、実つきがよくなる。

新梢（しんしょう）
その年に新しく伸びた枝。

芯止め（しんどめ）
主幹の先を切り落として、主幹の伸びを押さえること。樹高を低い状態で管理したい場合や、大きくなりすぎた木をコンパクトに仕立て直すために行う。

生理的落果（せいりてきらっか）
生育途中の果実が生長を止めて自然に落ちること。

節（せつ）
枝や茎で葉がつく部分。節と節の間を節間（せっかん）という。

前年枝（ぜんねんし）
前の年に伸びた枝。2年枝ともいう。

側枝（そくし）
主枝などから伸びて、花や果実をつける枝。

粗皮削り（そひけずり）
粗皮とは果樹の表面のゴツゴツとした樹皮で、粗皮削りは草刈りがまなどで粗皮を削り落とすこと。冬期に行うことで、粗皮の中で越冬している害虫を駆除する。

台木（だいぎ）
接ぎ木の際に、穂木を接ぐ土台となる樹。穂木は台木の根から水分や栄養分を吸収して育つ。台木は病害虫に強く矮性のものが向いている。

単為結果性（たんいけっかせい）
受粉、受精しないで果実ができること。柑橘類の一部やブドウ、イチジクなどにみられる。

短果枝（たんかし）
結果枝のひとつ。果樹の種類により異なるが、ふつうは長さ10㎝以下のもの。

中果枝（ちゅうかし）
結果枝のひとつ。果樹の種類により異なるが、ふつうは長さ10〜30㎝程度のもの。

長果枝（ちょうかし）
結果枝のひとつ。果樹の種類により異なるが、ふつうは長さ30〜60㎝程度のもの。

頂部優性（ちょうぶゆうせい）
まっすぐ上に伸びた枝では、普通は先端に近い部分の芽ほど速く発芽して勢いよくのびる性質。頂芽優勢ともいう。

直立性（ちょくりつせい）
枝が横にはあまり広がらず、上に伸びる性質。樹形の性質のひとつ。

追熟（ついじゅく）
収穫した果実をしばらく置いて成熟させること。果実の甘みが増したり果肉がやわらかくなったりする。

接ぎ木（つぎき）
枝や芽などを切り取って、別の木（台木）につないで生長させること。

摘果／摘花（てきか）
幼果（または花）の段階で果実（花）を摘みとって、木全体で果実の数を減らすこと。残した果実に養分を集めて、同時に木の負担を減らして隔年結果を防ぐねらいがある。

摘心（てきしん）
枝の先を切り取って、腋芽の発生や枝の伸びすぎをおさえること。

摘房（てきぼう）
ブドウやビワなど果実がかたまってつく果樹で、果房の一

部を摘み取って整理すること。残した果実に養分を効率よく集めるために行う。

摘雷 (てきらい)
つぼみを摘み取って数を減らし、開花による樹体養分の消耗を防ぐこと。

摘粒 (てきりゅう)
ブドウなど房状に果実がつく果樹で、幼果（果粒）を摘んで数を減らすこと。残した果実に養分が効率よく集まる。

土壌酸度 (どじょうさんど)
土壌の酸性度の程度のこと。土の中のpH(水素イオン濃度)で示される。

徒長枝 (とちょうし)
勢いが強く長く伸びでた枝。花芽をほとんどつけないので基部から切り取る。

な

中手種 (なかてしゅ)
収穫時期が、晩生種と早生種の中間にあたる品種。

二季なり性 (にきなりせい)
一年の間に2回実をつける性質のこと。ラズベリーなどには二季なり性の品種がある。

根詰まり (ねづまり)
鉢の中で根がいっぱいになってしまい、それ以上新しい根が伸びることのできない状態。根詰まりを起こすと葉が変色し生育が悪くなるため植え替えが必要。

根鉢 (ねばち)
鉢やポットから苗を抜いた際、根と土がひと塊になっている部分。

捻枝 (ねんし)
勢いよく長く伸びて徒長枝になる枝を、実をつける枝に変える方法。新梢の時期に、枝のつけ根をひねって曲げ、水平の状態を保つようにする。捻枝によって横に寝かせた枝には花芽がつきやすくなる。

は

品種 (ひんしゅ)
同じ種類の果樹だが、見た目や味などの性質がはっきりと区別できるもの。たとえばブドウなら、'シャインマスカット'や '巨峰' などは品種のひとつ。

棒苗 (ぼうなえ)
接ぎ木や挿し木から1～2年育てた苗で、棒状の枝が1～2本まっすぐ立っているもの。収穫までに時間がかかるが、好みの形に仕立てたい場合に向いている。

ま

マルチング
木や野菜の株元に藁やバークチップ、ビニール、不織布などを置いて、土の表面をおおうこと。

実生 (みしょう)
種子から植物を育てること。また、種子から育った植物。果樹ではほとんどの場合、親とは異なる性質になる。

水鉢 (みずばち)
樹を植えつけたあと、樹の根元に土を盛ってつくった土手。水を十分に地面にしみこませるためにつくる。

芽かき (めかき)
発芽・展葉期に、不要な芽を摘み取ること。徒長枝の発生をおさえ、樹の養分の分散を防ぐ。

雌しべ (めしべ)
花粉を受ける器官。花粉を受け取る柱頭 (ちゅうとう)、受精後に果実となる子房 (しぼう)、柱頭と子房をつなぐ花柱 (かちゅう) で構成される。雌しべのみをもつ花を雌花という。

や

誘引 (ゆういん)
支柱やワイヤー、ロープなどを使って、枝やつるを伸ばしたい方向へ誘導すること。

葉腋 (ようえき)
葉（葉柄）のつけ根の部分。葉腋には芽ができて、花が咲いたり新しい枝が伸びたりする。

葉芽 (ようが)
芽の中に、葉と枝のもとが入っている芽。

ら

裂果 (れっか)
成長途中、あるいは成熟間近の果実が割れること。過度に乾燥した後に雨が降ったり、病害虫などによっておこる。

わ

矮性 (わいせい)
樹高が、その果樹の平均的な樹高より低い性質。接ぎ木の台木に矮性種を用いると、矮性の性質をもって生長する。

早生種 (わせしゅ)
収穫時期が、その種類の平均的な時期より早い品種。

監修者 **野田勝二** (のだ かつじ)

千葉大学環境健康フィールド科学センター・助教。農学博士。

専門は果樹園芸学、健康機能園芸学。柑橘類の研究のほか、園芸療法・園芸福祉に関する研究も行っている。また市民とともに、サスナティブルな街づくりの活動にも参画している。

料理	相田百合子、後藤加代子、風間 寛（雨余花）
撮影	小禄慎一郎、矢野津々美、東村直美、岡田稔子
写真協力	野田勝二、高橋康弘、岡田啓介、青木果樹園、 アルスフォト企画、Getty Images、PIXTA
撮影協力	浦壁ぶどう園
イラスト	角しんさく、はやしゆうこ
デザイン・DTP	村口敬太（Linon）
執筆協力	岡田稔子、中居恵子、倉本由美
編集協力	やなか事務所（東村直美、岡田稔子）、ブライズヘッド（倉本由美）

参考文献

『基礎の基礎からよくわかる はじめての果樹』（野田勝二監修、ナツメ社）

『はじめてでもできる おいしい果樹の育て方』（野田勝二著、家の光協会）

『柑橘類』（根角博久著、NHK出版）

『果物学　果物のなる樹のツリーウォッチング』（八田洋章・大村三男編、東海大学出版会）

『原色 果樹の病害虫診断事典』（農文協編、農文協）

『庭先でつくる果樹33種』（赤井昭雄著、農文協）

おいしい果樹の育て方 苗木選びから剪定、料理まで

監修者	野田勝二
発行者	若松和紀
発行所	株式会社 西東社 〒113-0034　東京都文京区湯島2-3-13 https://www.seitosha.co.jp/ 電話　03-5800-3120（代）

※本書に記載のない内容のご質問や著者等の連絡先につきましては、お答えできかねます。

ISBN　978-4-7916-2554-3